会津義民列伝

前田 新

歴史春秋社

太閤検地騒動の舞台となった旧下郷赤岡村の現地（左側は赤岡地蔵堂）

「南山義民之碑」と六地蔵（南会津町田島・丸山公園）

「南山義民　小栗山喜四郎顕彰碑」（金山町小栗山・国道400号沿い）

「重英霊神」の碑（会津美里町東尾岐・関根不動堂境内）

「やーやー一揆」の打ち壊しによる座敷柱の傷跡（喜多方の旧手代木家住宅〈県指定重文〉）

小林英夫著「百姓代藤吉伝」

鈴木重嗣著「扇田記」(個人蔵)

旧越後街道の束松峠

目次

はじめに

二〇〇四年に笠井尚氏が主宰した「会津人社」の企画で叙事詩集『会津農民一揆考』を発行した。『会津農民一揆考』では、一揆についての経緯や内容を叙事詩的に書いたが、そこに登場した「義民」についてはは名前を書いた程度で詳細にはふれなかった。それは一つに、南山御蔵入騒動の小栗山村の栗田喜四郎（石田伝吉著『会津義民小栗山喜四郎伝』によって後世に伝えられた）以外、市町村史にもその人物についての資料的なものは、名前程度しか残されていないということであったからである。

体制側の役人やその事績などについては詳細を極めるが、どこの市町村史においても、一揆や騒動については体制側の史観で書かれている場合が多く、否定的な事件の主謀者として扱われている。とくに郡史が編纂された戦前は、会津においても一揆の関係者は犯罪者扱いである。昭和七（一九三二）年に木村靖二著『農民騒動史』で、農民の視座から一揆を見る「農民一揆の真相」（四、会津騒動・金曲騒動）が記述されているが、戦前においては、あった出来事さえも記述されなかった。戦後、それらは改められてきてはいるが、一揆を起こした農民を「義民」と見るかといえば、そうとも言えない。

周知のように、会津において「義民」として伝承されているのは、南山御蔵入騒動の小栗山の栗田喜四郎だけで、それ以外に「義民」の定義に該当する人は、これまではいないということであった。「やー揆」の勝常村古川藤吉の場合、何の関係もない役名詐称で逮捕され、贋金《にせがね》づくりの罪名で打ち首獄門になっていて、地域でもそう思い込まされていた。

戦後になって、庄司吉之助氏の『世直し一揆の研究』で笈川組肝煎鈴木重嗣《しげつぐ》が明治十八（一八八五）年に書いた『扇田記』が発見され、藤吉の末裔の小林英夫氏の『百姓代藤吉伝』が出て、その真相が明らかになった。「義民」の定義を農民に限定せずに見ていくなら、川島与五右衛門、神尾大蔵のように、農民に味方をしたために権力者側によって殺された会津藩の役人なども、その対象になる。会津藩士伴百悦については異論もあると思うが、彼の心情は会津人としての「義」に入る。江戸期の陽明学者大塩平八郎の乱もあるので「義民」を一揆の首謀者として処刑された農民に限定せず、役人であっても農民のために働き、支配者によって叛逆者として殺された者も、その視野に入れて本の題名とした。

「義民」の定義は、「義のために私財や一身を投げだして尽くした人。江戸時代に百姓一揆の指導者として処刑され、民衆に敬愛された人」とされる。「義」とは儒教の仁・義・礼・智・信の一つ。人道、倫理にかなった行い、またその人を指すが、民というのは民衆、権力のアントニウム（対義語、反対語）として使われる。近代になっての「義人」の用語とは、反権力かどうかで使い分けられている。

会津における最初の「義民」とも言うべき農民は、四百三十数年前の天正十九（一五九一）年七月に起きた南会津郡下郷赤岡村での一件から始めなければならない。

豊臣秀吉が天下人となって、奥州仕置きを行ったのは天正十八（一五九〇）年である。若松で行った奥州仕置きの翌年から、奥州で太閤検地が実施された。この赤岡村検地事件はその時に起きている。検地役人に対して、焼き畑を検地対象から除くことを求めて農民が全村で戦い、村長《むらおさ》の雅樂《うた》をはじめ村人六十三名が捕えられ、田島村松原で全員が処刑されている。しかし正史には、検地の際に境界をめぐって起きた農民間の紛争に、役人が仲裁に入って十六名が殺された事件とされ、農民の死者も農民間の紛争によるとされてきた。

戦後、大塚実氏らによってその実態が明らかにされており、その事件の経緯と秀吉の農民支配の御朱印状を織り交ぜながら記すが、この事件の犠牲者となった村長の雅樂他六十三名の村人全員を「義民」の列に加えたい。

農民である私は、かねてから会津の農民が封建社会の歴史のなかで、生きるために命を賭して立ち上がって、その命と引き換えに獲得してきた生存の上に私の現在があることを意識し、そのことについてヴァルター・ベンヤミンがいう「前世代との秘かな約束」を自覚し、その約束を果たしたいと思ってきた。晩年になったがようやくそれができた。

これは農業を生業として暮らす傍ら、還暦の年に脳梗塞を患い、その後遺症で左半身不随となり、以来、物書きをしてきた私の懸案の仕事である。

横山四十男著『百姓一揆と義民伝承』（『歴史新書』日本史85、教育社）で、義民伝承は地域によっては一揆の実態と必ずしも一致しないことを指摘している。いくつかの例を挙げているが、指導者像を物語として拡大して伝承しているところもあれば、歴史的には大きな意義と役割を果たしたものでも、その主謀者については名前の記録程度にとどまっているものもある。それはその地域の人たちの一揆の評価とかかわっている、と述べている。

一揆は農民が徒党を組んで体制に反対した行為で、支配者側からは「義民」どころか「謀反者」には相違ないが、われわれ農民の側から見るならば、一命を賭して農民のために立ち上がった救いの神的存在である。封建社会においての一揆（共同要求を掲げて、その実現のために生死を懸けての行動を誓約する）は農民が生きるための行動であるが、それは社会発展の必然的な社会現象であり、世界的にみれば人類史の発展法則に基づくものであっても、そこには多大な犠牲が伴って歴史は進展することを示しているものだと私は認識する。

かつて私淑した山形の農民詩人真壁仁はその著書『カラー会津の魅力』の「あとがき」のなかで、「—会津はこのように内部に二層系の社会構造をもってきたが、それは会津にかぎったことではない。その会津がひとつの文化圏、ひとつの世界を感じさせるところに会津の力を見る。地方でない地域をここに見るのである」と書いたが、その理由として文中に二つのことを挙げている。一つは貞享元（一六八四）年に高久組幕内村の肝煎佐瀬与次右衛門によって書かれた作物栽培の技術書『会津農書』とその普及のために書かれた『会津歌農書』のレベルの高さと、会津の農民一揆の「やーやー一揆」以外は、暴動を伴わない郷村代表による共同要求を掲げての愁訴、または越訴であること。しかもその一揆においての史的展開を見れば、藩の農業政策の変更を要求し、藩の人事への介入をも要求していることである。

会津においても支配層である武士階級の戦の歴史とは異なる民衆の歴史が厳然としてあり、そのことについても正当な評価とともに、その歴史の真実も伝えていく義務を、私は農民の一人として自覚する。会津における知りうる限りの一揆とその人間関係を追いながら、その背景にも目配りをしながら、会津の「義民」について考察したい。

太閤検地―南会津郡下郷赤岡村事件

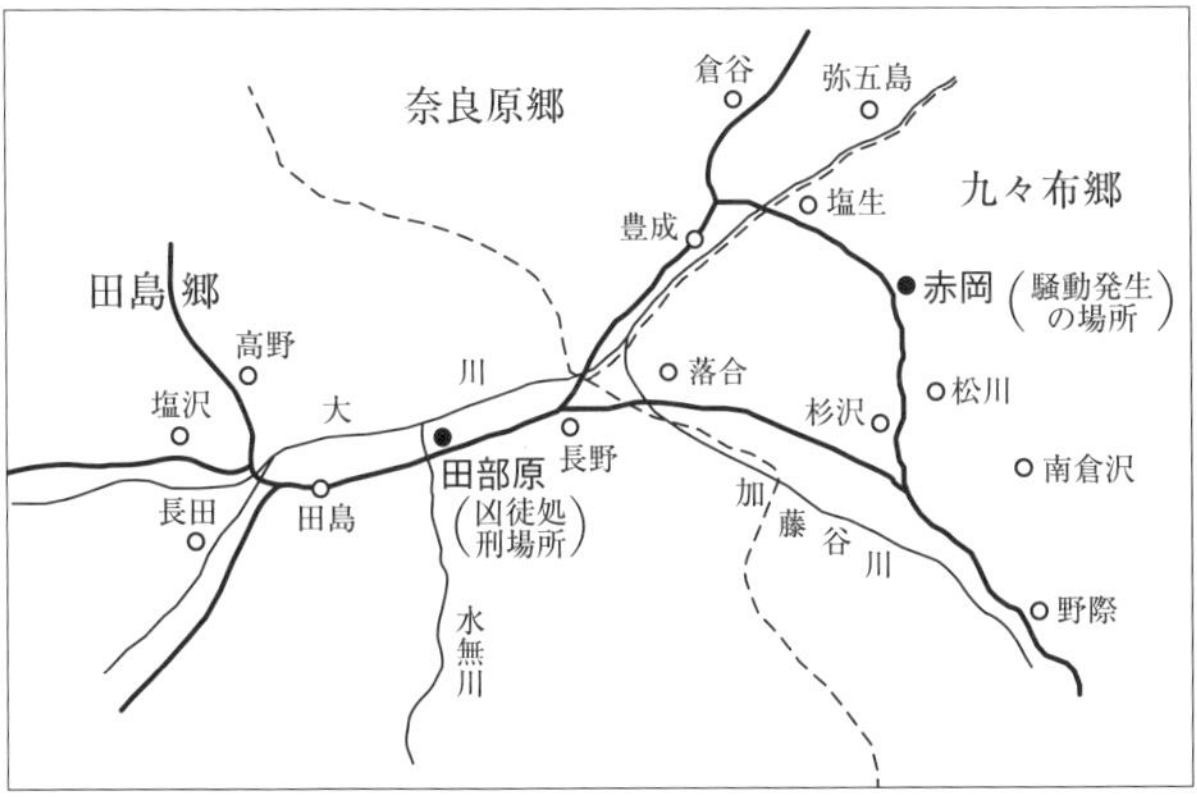

松川騒動関係図（『田島町史』第１巻より転載）

「この趣を、国人（土着の武士、土豪）並びに百姓共に納得させよ、これに従わない者については、城持ち国人なら、その城内で相談の上、一人も残さずなで斬りにするように申し付ける。百姓共の不届きについては、一郷、あるいは二郷でもことごとくなで斬りにせよ。日本の国すべてをそうするのだから、出羽、奥州もそうするのは当然である。その結果、そこが荒廃してしまっても苦しくはない。山の奥、海は櫓櫂《ろかい》の続くまで、それに専念せよ。そしてすべてを服従させよ」

これは豊臣秀吉が奥州仕置き（大名領地の配分）のあと、奥州検地奉行を命じた浅野長政に宛てた手紙の意訳である。

天正十八（一五九〇）年八月　秀吉は
白河から勢至堂峠を越えて会津に入った
八月九日　黒川（若松）の興徳寺で
伊達政宗から会津を没収する奥州仕置きを行い
蒲生氏郷に与えた　そしてその翌日　検地令を出した
長政に宛てた手紙（御朱印状）は
その二日後に出された
冒頭の意訳は、その最後の用件のところである

かくして羽州　出羽の太閤検地は実施される
会津は豊臣秀次が責任者となり　家臣の細野主馬らがその実務に当たった
天正十九（一五九一）年七月
細野ら十六名の検地役人が村に入る
赤岡村の百姓はそれまで山間の地ゆえに
田畑は年貢の対象として納めて
焼き畑から得る雑穀をもって暮らしていた
焼き畑は年一作で収穫量も低く
この検地によって年貢の対象となり
収穫見込みの三分の二を年貢とされては
暮らしてはいけないので　焼き畑はこれまでのように検地から外して
欲しい　と嘆願した

しかし　秀吉の朱印状には検地に抵抗する者は城持ちの侍であろうと
な・で・斬・りだから　百姓の分際で何を言うかと　役人は抜刀して斬りかかった
村長《むらおさ》（長老）の雅樂をはじめ数人の村人は
素手で嘆願していたので

たちまちのうちに斬り殺された
怒った村人は役人十六名を撲殺した
村の広場は凄惨な修羅場となった

村人は一旦は山に逃げたが
翌日　三十名の村人が捕縛され
再び村に帰ってくることはなかった
田島松原（田部原）で全員が誅殺されたと
語り継がれる　文書には村人が争い　仲裁にはいった役人が巻き込まれたと記される
その一件から　会津の山間地の焼き畑は検地から外されたと語り継がれる

「奉公人、侍、小者、あらし子（荒子）に至るまで町人、百姓、これをその町の地下《じげ》と改め、一切置いてはならない。もし隠していれば、町ごと成敗する。もともと百姓である者が、田畑をうちすて、商いや賃稼ぎなどする者は言うに及ばず成敗してよい。働きもせぬ者を役人として置いてならない。もしそのようなことがあれば、その地を召し上げる。それを町人、百姓が隠して置くようであれば、その一郷、一町の悪事とする。侍、小者だけでなく主（仕えていた主人）に暇乞いを願う者は請け人をたてること、ただし、主の方との話がつかぬ場合は、からめとって前の主人に渡すこと、このご法

度に背いたり、またその者を逃がしたりした場合は一人につき三人の首を切らせ、それに不服をいう
場合にはその主も成敗せよ」

この定め書きは
天正十九（一五九一）年八月二十一日
秀吉の朱印が押されて交付された
検地による領地と　そこからの年貢の総額
その土地に身分として農民を縛り付ける
侍　小者（土豪などの村役）もその身分とともに支配者のもとに固定される
中世から近世への劇的な歴史の展開は
この検地と身分制度によって移ったのである
この封建制度の基礎は
信長がすでにつくっている

しかし、肝心なことが抜けていた。それは百姓や土豪の武装解除である。
「諸国の百姓ら、刀、わきざし、弓、槍、鉄砲、その他武具のたぐいを持つこと、かたく禁止する。

その仔細は、それを貯えるために年貢を渋り、一揆を企て役人に対して反抗する者は勿論成敗する。それをしなければ、田畑を作らせることも、その地を治めることもできなくなる。国主（大名）役人、代官は右の武具をことごとく取り集めること、刀やわきざしを取り上げるのは外でもない、大仏を建立して、その釘やかすがいに使い、今生は言うに及ばず、来世までも百姓が助かるためである。百姓は農具さえ持ち、耕作に専念すれば、子々孫々まで変わりなく百姓に哀れみをもって大事にする。本当にそれは国土安全、万民快楽の基本である。異国では唐の昔天下を鎮撫するに当たって宝剣利刀を農具に用いたというが、わが国ではそんなことがあってはならない。この意向を守り、皆その旨を理解し、百姓は農桑に精出すこと、右、武具一切を急いで取り集め、差し出せ、断ることは許さない」

これは天正十六（一五八八）年七月
秀吉が出した「刀狩り令」である
検地に反抗して起きた肥後の土豪一揆（国人一揆）の後
秀吉は大名として派遣した佐々成政を
一揆の責任をとらせて切腹させ
この御朱印状を全国に出した
秀吉の書状から読み取れるのは
支配や征服の思想に

貫かれる論理の普遍性だ
支配は収奪と搾取を武力によって遂行する
それに屈しない者に対しては殺戮と破壊
権力の支配は古今東西　暴力による
恐怖によって成り立っている

〈付　記〉

太閤検地による会津の石高は四十二万石として蒲生氏郷に与えられた。それを氏郷は半石半永（半分は物納、半分は永禄銭）で納めさせた。それは物々交換の経済活動を「楽市楽座」による経済活動をすすめるための政策的手段であった。さらに文禄三（一五九四）年、築城とその城下町づくりのために莫大な資金が必要となり、領内の再検地を実施し、十八万五千石の石高（年貢）の増加を確保する。これは、それまでの石高の四十五パーセントの収入増である。

氏郷の死去後、子息の蒲生秀行に、さらに慶長三（一五九八）年、上杉景勝へと会津藩の領主は移る。秀吉は佐渡金山を手に入れるために、景勝に領地の拡大による百二十万石の禄高を与える。景勝は山間地のために漆木の栽培を奨励し、年貢を米の代わりに漆木の蝋《ろう》によって納めさせた。秀吉の死後、徳川家康によって上杉は米沢に移され、再び蒲生秀行が移封されるが、その子の忠郷に嗣子《しし》（あととり）がなく、寛永四（一六二七）年に加藤嘉明が四国松山から会津に移封される。

嘉明は会津に来て検地を実施し、基準収穫量を引き上げて年貢を倍にして賦課した。年貢を納められないと嘆願する百姓を死罪に処した。寛永八（一六三一）年に嘉明が死去し、その子明成が家督を継ぐが、キリシタンの処刑や過酷な藩政に家臣の掘主水が一族郎党三百名を引き連れて謀反を起こし、脱藩する。寛永二十（一六四三）年、加藤明成が掘主水の一件の責任をとって会津藩を幕府に返還し、保科正之が会津二十三万石の禄高で就封する。南山御蔵入領五万五千石は会津藩の預り地となる。

南山御蔵入一揆と義民小栗山喜四郎

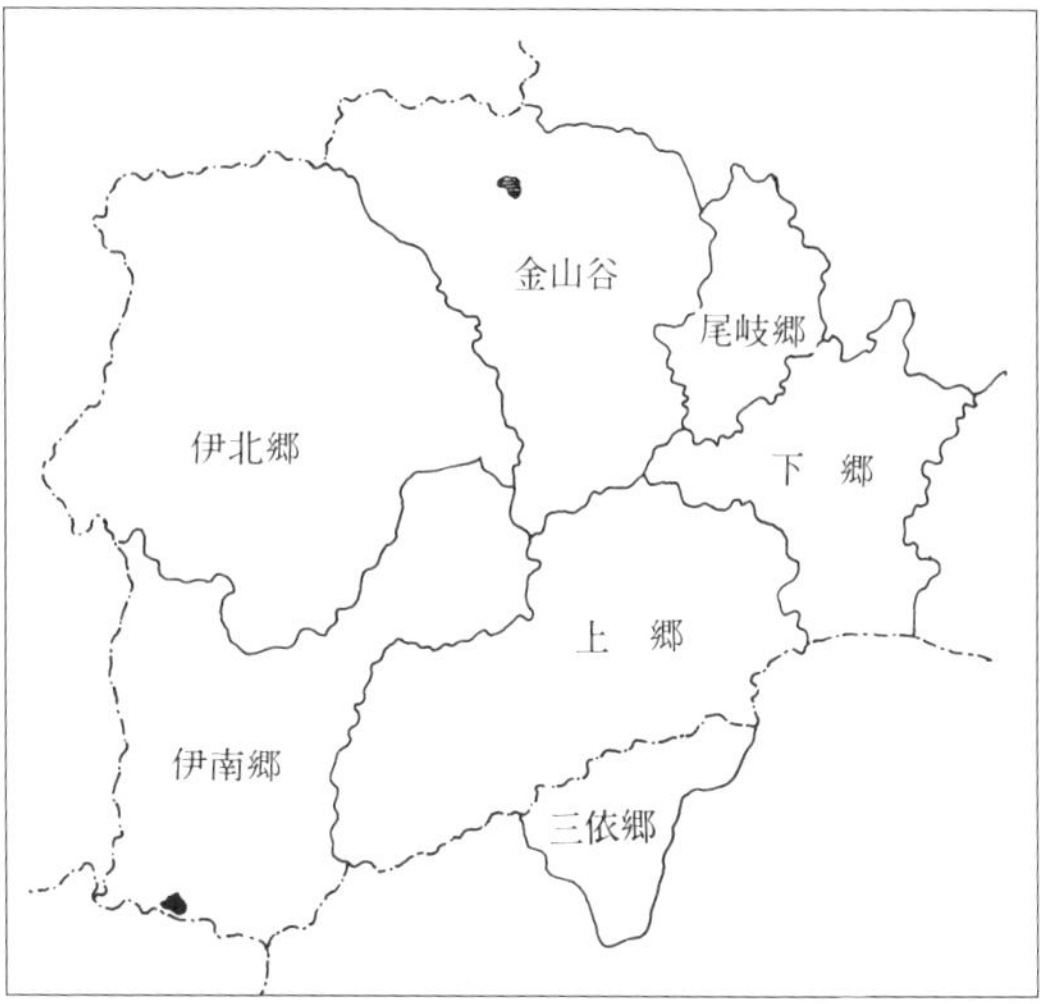

南山御蔵入地方郷別略図（『田島町史』第２巻より転載）

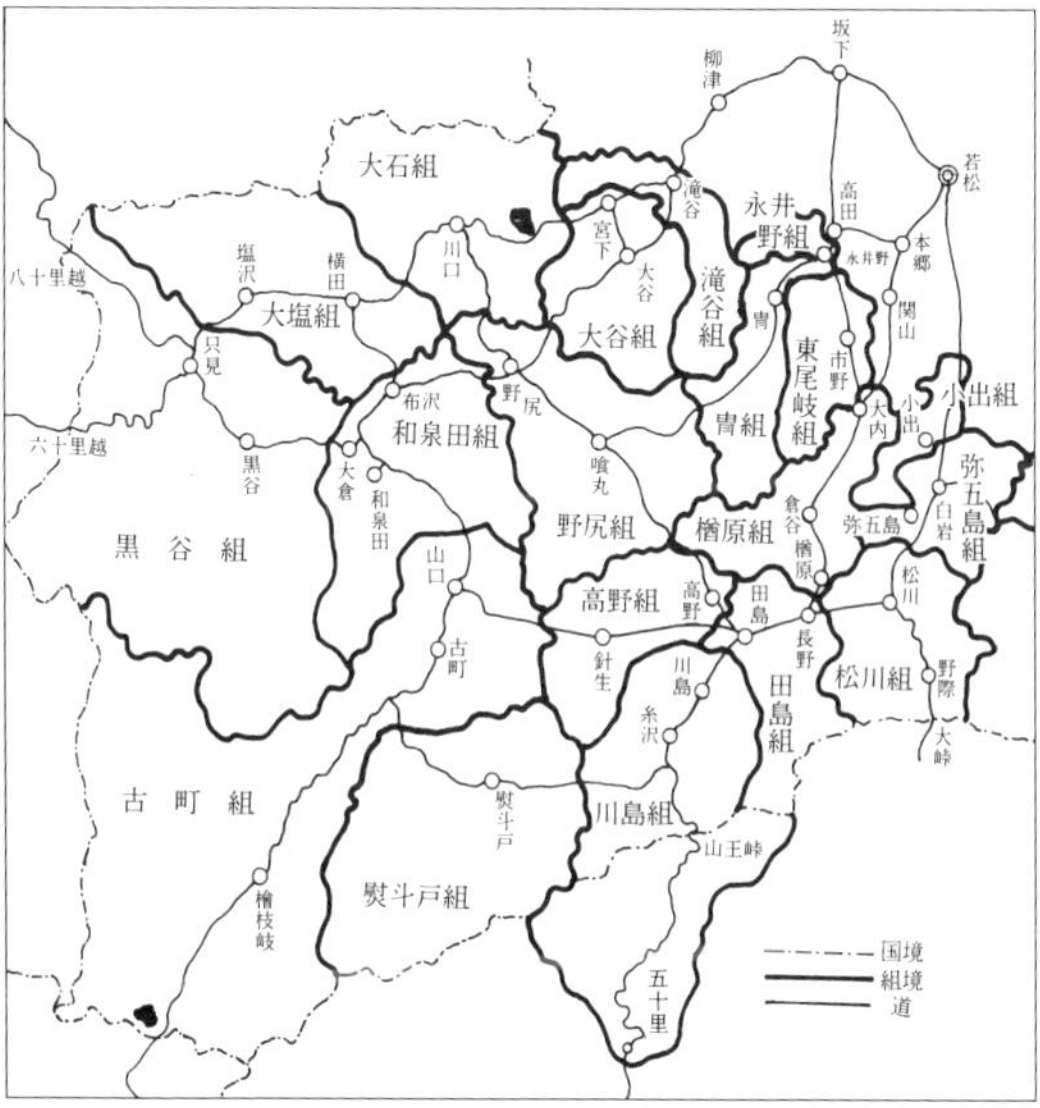

南山御蔵入領19ヵ組略図（『田島町史』第２巻より転載）

――君が心に燃えた正義の火は烈々
今に及んで会津郷人の胸奥に霊火と閃く――
「噫義人喜四郎君碑」

会津において「義民」としてその碑が建てられているは、南山御蔵入騒動の首謀者として界村名主兵左衛門、新遠路村名主久次右衛門、滝沢村名主喜左衛門の三名の名主と、布沢村百姓茂左衛門、黒谷村百姓儀右衛門の二名の百姓とともに打ち首になり、獄門に晒された大沼郡金山町小栗山村の百姓栗田喜四郎だけである。この碑は大正九（一九二〇）年に建立されているが、大正十二（一九二三）年に刊行された郡役所編『大沼郡史』では小栗山喜四郎義民説を否定している。昭和四十九（一九七四）年に刊行された『金山町史』上巻においても、当地に残されている中丸文書と『大沼郡史』の記述との関連において、小栗山喜四郎義民説を否定している。

まずその『大沼郡史』の否定説を見てみよう。（『郡史』の八十九ページ第六節、御蔵入騒動）
「この事件は世に御蔵入騒動と称し、小栗山村の喜四郎を以ってその巨魁となし、是れに冠するに義民の二字を以ってし、彼の佐倉義民木内惣五郎に比し、『南山義民小栗山喜四郎』」と題する印刷物も世に流布し、近頃はまた石田伝吉氏『会津義民小栗山喜四郎伝』という書を著し、代官の無状を挙げ、喜四郎一派の徒党を義民として、極力称揚せり、世人またその真相を詳らかにせず、ただ代官を以って収斂を事とし、残虐飽くことなきを以って能事とするものの如く信じ、喜四郎などが、所謂農民党たるよりして、是がわが党の士の如く思いなし、以て軽々しくその挙を賛するの嫌なしとせず──以下略──。伝えるところによれば、喜四郎は恵比寿の札引きとして、「西の宮大神宮」の名を記したる恵比寿神が鯛および釣竿を手にせる怪しげなる札を売りながら御蔵入りを巡歴し、まち鳥居の前に人と馬二匹とを印刷せる四、五寸位の紙片を持ち、戸毎に売り歩きたりといえば、自然喜四郎はこれ等の事よりしてよく郷民に知られたるを以って、奔走の便利しや、そのまさに刑せられんとするに臨み、大酒を飲み、かつ小謡など二、三番謡いしと称せられる。喜四郎をもって義民の巨頭となし、崇拝せしむるにいたりて、いまだその可なるを知らず」

『大沼郡史』を校訂したのは花見朔巳氏（東京帝大史料編纂所）である。

『金山町史』のこの項を書いたのは郷土史研究者山口孝平氏だが、この喜四郎に対する評価を妥当なものとするかどうかは、歴史観にかかわるところなのでそれについては触れないが、海老名俊雄氏は著書『会津御蔵入騒動と寛延一揆』で、明治三十一（一八九八）年に渡辺空々、杉原三省共著『南山義民小栗山喜四郎』が刊行され、それによって「南山義民碑」が建立され、その撰文を杉原三省が書いているが、その冒頭はこう書き出されている、と記している。

「一身を抛《なげう》ち、一名を捨てて、万民を塗炭の中より救助し、所謂殺身為人、その性行実に俯仰天地に恥じざるの盛徳ありて、しかして尚二百載の今日に至る迄、寥々乎として世に聞こえず。まさに年月とともに煙滅に帰しおわらんとし、真に伝うべきの人にして伝わらずは、誰かこれを遺憾せざるものあらんや。宜しくこれを発揚《はつよう》するは、努め後人にあるというべし」

海老名氏は小栗山喜四郎について、「これまで幾人かの言説を比較検討しながら、「義民と見るか暴徒と見るかは、その人の歴史観にかかる」といい、「これまで小栗山喜四郎についてもそうであったが、問題は歴史家の評価もさることながら、当の農民が小栗山喜四郎をどう見たかということである」として、海老名氏が『柳津町史』の編纂にかかわり、滝谷組遅越渡《おそのこいど》村奥太郎の『郷頭答弁書』の奥付きに書かれた文章を発見し、一揆の首謀者として打ち首獄門になった彼らを「救いの神」としていることは、まさしく「義民」と呼ばれるにふさわしい、と結論づけている。

私も歴史の発展過程のなかで見るなら、彼らの行動が封建社会における被支配階級の農民の生活維持とその向上を目的にもつ共同要求の実現ための行動であることは明白で、それは儒教の「仁義」の行いである。孔子は仁義に「忠」と「恕」の二つありと説いているが、まさしく彼らの行いは「恕りの仁」であり、「義の行為」であると断言したい。

その経緯を叙事詩のかたちで追ってみたいが、その前に南山御蔵入領について触れておきたい。

会津藩は保科正之が移封されるまでに、豊臣秀吉によって蒲生、加藤、上杉が藩主として移封されている。慶長三（一五九八）年に秀吉が没し、同五（一六〇〇）年の関ヶ原の戦いで徳川家康率いる東軍が勝利し、同八（一六〇三）年に家康が江戸に幕府を開いて、幕府を中心とした幕藩体制が確立される。いわゆる江戸時代、歴史区分としての近世期だが、それから四十年後の寛永二十（一六四三）年に、付記に記したように保科正之が出羽から会津に移封されて会津藩主となる。その時の会津藩の石高は二十三万石としての移封であったが、それは広大な会津の南西部の山間地一帯、石高にして五万五千石を南山御蔵入領として、江戸幕府の天領（直轄支配地）に分離しての石高であったのである。

これは幕藩体制の家臣の序列を石高で格付ける方針に基づくものだが、正之の生い立ちにかかわる立場を考慮して石高は二十三万石だが、直轄支配地を会津藩が預かり支配として管理させて、財政的な配慮を意味するものであったといわれる。したがって寛永二十（一六四三）年から元禄元（一六八八）年までの四十五年間はこの天領は会津藩の預かり支配であった。

保科正之は寛文十二（一六七二）年に没しているが、その後も天領の会津藩預かり支配は続けられていた。元禄元（一六八八）年、保科正容が藩主の時に第一回の幕府直接支配となった。その理由は幕府の財政窮迫によるとされる。初代の代官は武村惣左衛門で元禄七（一六九四）年まで務めたが、現地に滞在せず江戸において指揮し、その後の代官依田五兵衛は宝永二（一七〇五）年まで務めたが、現地は四つの郷に一名の代官と下部組織である組郷頭がその任についていた。

宝永二年に第二回の会津藩預かり支配になるが、直支配時代の江戸廻米が過酷なために、その廃止を滝谷組の郷頭山内吉右衛門や冑組郷頭金田権七、永井野組郷頭白井作十郎らが訴えるが、聞き入れられることなく過ぎる。そうしたなかで宝永七（一七一〇）年三月、南山御蔵入において五名の仕置きが行われたことが『家政実紀巻之九十五』に記載される。

「宝永四年、西方村百姓誅伐梟首、西方村名主、打首」

これは南山御蔵入で宝永二（一七〇五）年に起きた会津藩と南山御蔵入領との境界争いにかかわる殺傷事件での仕置きである。会津藩領の牛沢組麻生村と南山御蔵入領滝谷組西方村との境界争いはそれ以前からあり、第二回会津藩預かり支配になったときに、西方村の者が麻生村の者に刃傷沙汰におよび、市左衛門が死亡するという事件である。

それが発端となって西方村から麻生村の入山には、およそ百町歩の隠し田があることが告発され、御検地役人平出孫右衛門、鯨岡寿五平、他三名にお目付役、服部儀兵衛、小原賀太夫、山方御役人小島九右衛門による線引き（確認、境界査定）が行われ、同年の八月に西方名主五郎兵衛は打ち首、百姓伝四郎は御成敗御免になった一件である。この事件とのかかわりは不明だが、宝永二年から正徳三（一七一三）年までの八年間、会津藩への預かり支配となり、正徳三年八月から、再び幕府の直支配に移管されるのである。

その時に赴任してきた代官中川吉左衛門は郷頭十九名連署の訴願状を却下し、年貢の徴収の強化に加えて江戸廻米を強行し、領民を困窮させた。二年間で代官山田八郎兵衛と交代するのであるが、山田は実情を見聞して幕府に江戸廻米の取り止めや山間地の夫食米の確保などについて建白書を提出するが、聞き入れられることなく、むしろ中川の強権的支配の続行を命じられて実行をするのである。

それに対して享保二（一七一七）年、幕府の巡見使有馬内膳に郷頭を代表して滝谷組郷頭山内吉右衛門が訴願した文書が吉右衛門の手記『家宝記』に残されていて、『三島町史』のなかに採録されている。

訴状は四点にわたっているが、その要点を口語で意訳するなら、

第一点　郷頭代五名で江戸に登りお願いした件は、天領の管理支配を会津藩預かりにお願いしたいということであります。

第二点　その理由は加藤の時代は百姓の多くが他国へ逃げたが、保科正之公が藩主となっては、善政が敷かれ逃げた者も戻り、荒れた田畑も開発して我々地下（百姓）はその恩義に感謝している。

第三点　その正之公の善政を継続して暮らしたいので、極貧の者には年貢の軽減、夫食米の配慮、金納による廻米の廃止をお願いしたい。

第四点　このようなお願いが叶えば幕府の為にもなります。蝋漆についても、この地の特産品として口止めして他の藩には漏らさぬようにします。このままでは地下の騒動も起きかねません。どうか会津藩の預かり支配のお取り計らいをお願いいたします。

享保二年四月

会津御蔵入滝谷大谷組郷頭　山ノ内吉右衛門　判

有馬内膳様御用人

この吉右衛門の切実な直訴も幕府に聞き入れられることはなく、正徳三（一七一三）年に南山御蔵

入支配の館は田島陣屋に移されたのである。そこへ正徳四（一七一四）年、訴願のために周辺の農民が集まり訴願を繰り返したが、それが次第に大きくなり、享保五（一七二〇）年十一月には数百名に及ぶ百姓が田島陣屋を包囲して気勢を上げ、強訴に及んだ。代官所はその主謀者として境村四郎兵衛など四名を逮捕して投獄し、騒動は一見収まったように見えたが、黒谷村の儀右衛門らはその後、各村で密かに会合を開き、江戸表への直訴の相談を開始していた。

そして享保六（一七二一）年正月、共同要求を十三ヵ条にまとめて一味同心の一揆を結び、十五名の百姓代表が江戸幕府勘定方への直訴に向かったのである。

その結末を、結果から遡って経緯を追い、小栗山村の百姓栗田喜四郎について見ていきたい。

打ち首獄門六名、二七五名を処罰

享保七（一七二二）年　旧暦七月三日
葛の葉が茂る田島鎌倉埼の上空に
立ち上る死臭を嗅いで集まってきた
烏の群れが終日鳴き騒いで群れていた
七日前に江戸で殺され
梟首《きょうしゅ》のために郷里に送られてきた

五つの首に並んで昨日田島の代官所で
切り落とされたばかりの
小栗山村百姓　栗田喜四郎の生首が
髪振り乱したままの姿で獄門台に晒された
それを晩夏の熱い日差しのなかで
近在の百姓たちが無言のまま竹矢来の外から
遠巻きになって見ていた

享保七（一七二二）年　旧暦六月二十七日
江戸　大久保下野守の屋敷において
和泉田組界村名主　兵左衛門
大塩組新遠路村名主　久次右衛門
大塩組滝沢村名主　喜左衛門
和泉田組布沢村百姓　茂左衛門
黒谷組黒谷村百姓　儀右衛門
の五名が打ち首になり　その首が
首桶に入れられて七月一日に田島に着いた

翌七月二日に田島町はずれで打ち首となった
大石組小栗山村の百姓喜四郎の首ともども
六つの首が獄門台に梟首され
その立て札には
「右の六名の者共　断ち難き願いを発頭致し　大勢に勧め
同心是無き者共迄押して版形是を取り　強訴に及ぶ　そのうえ年貢上納ま
まで差し押さえ　郷村へ偽りなる義を触れ　重科により死罪獄門を行う者
也
　　寅（享保七年）　　七月」
と書かれる

これは　世に「会津南山御蔵入騒動」
あるいは「南山五万石一揆」と呼ばれる
享保年間　会津南部　河沼郡　大沼郡の山間地
幕府直轄地「御蔵入五万五千石」に起きた
百姓一揆の首謀者とされた者に対する処罰である
他に江戸牢内において九名が牢内死している

幕府は南山御蔵入二十二ヵ村の十五歳から
六十歳までの男子全員を田島代官所に呼び出し
二ヵ月にわたって取り調べ
全員に首謀者に騙されたと「わび状」を書かせ
そのうえ首謀者として六名を打ち首獄門に晒し
郷頭三名　名主七名の役儀を召し上げ
さらに田畑家財残らず召し上げ六名
半分召し上げ十八名　過料五貫文六名
同三貫文十一名　入牢　手錠　村預けなど
総勢二百七十五名を処罰したのである

代官、江戸廻米の廃止を建議

この一揆の背景について見るなら
寛永二十（一六四三）年の七月　藩主加藤明成が
家臣堀主水との確執で会津藩を幕府に返上し
出羽国最上藩から保科正之が

禄高二十三万石で会津藩に移封された
加藤の禄高は四十万石であったので
保科の禄高に調整するために会津の山間地
五万一千二百石を幕府の直轄地として
禄高から外してその地の管理を
会津藩に任せる処置をとった
この一揆はその幕府直轄支配の二回目の時に起きた
この地域は山間地であり豪雪地帯で
会津藩預かり支配のときは「半石半永」割りで
その半石も会津藩からの貸付けを受けて払い
それを金銭で清算をしていた
それが幕府の直轄支配となるや
年貢をその年の収穫推定量のそれまでの四割九歩六厘を
五割八歩一厘に引き上げると同時に
江戸への廻米（当時は川船で運ぶので）運搬が
百姓に五里付けとして　領地から五里までの
搬送が人足として義務化されたのである

寛永十八（一六四一）年は凶作で
飯米にもこと欠く状態になり
村々から餓死者を出すか　命を賭しても
代官所に訴え出るかという事態に追い込まれていた
その時　幕府から代官として山田八郎兵衛が着任した
木村靖二著『農民騒動史』には悪代官と書かれているが
江戸廻米制度の実態を見て
代官としてその現況の報告と　その制度廃止を
幕府に建議書として提出している
（長文なのでその要旨を読み下し文として載せる）

覚　え

「拙者、御代官所、奥州会津領の村々、年々御年貢米の儀、古来より所入用の外、残らず百姓夫食（飯米）に貸し渡し、江戸廻しを仰せつけられ候ところ―中略―、しかるところ、会津領村々の儀、山中難所多く、その上、野州（栃木県）阿久津海岸までの道のり平均で三十五里のところ、登りつけに仕り、まことに年々九月、十月より大雪降り、翌三月ごろ漸く消え申し候ゆえ、そのみぎりより、津出し仕り候ば、高山峠の分は五月ころまでも硬雪にて消え残り候につき、左様のところは人数をもって雪を掘り、一俵ずつ背負いて数か所の難所を超え申し候体に御座候ゆえ、一日に二、三里ならではまかり越されず候場所多く御座候、もっとも宿つぎのところは、近郷の馬数あり次第寄せ馬仕り、そのほかの商人荷物は一切往来いたさせず、右廻米ばかりつけ送り候えども、天気など悪ければ別してはかどり申さず、阿久津河岸まで平均して三十五、六里のところ、一駄（二俵）十四、五日、または廿日程で参着仕り、千石付け廻すまでの日数四十ほどかかり申し候につき、道中にて欠米だいぶんの儀に御座候、これによって余計なる俵百俵余り阿久津へ付けたし候えども、あまつさえ米の性悪しき所に御座候ゆえ、夏季にかかり候ば殊のほかふけ米にまかりなり、なおもって欠米多く、俵拵えまで阿久津にて仕直し、かれこれ百姓の入用だいぶかかり申し候、もちろん五里づけのほか駄賃、運賃区下され候えども、右の趣に御座候ば、いずれ百姓内証の費多く、殊のほか困難仕り候につき、百姓願い上げ候は、右廻米の分千石そのほか述べ売りのうち千石、つごう二千石所の積もりを仰せつけられ、延べ売りの古米の値段と見合わせ、金一両に八斗高の相場をもって、さっそく代金上納仕るべく候、年々千石ずつの廻米御免くだされように願い申し出て候、―中略―、右の願い仰せ通り仰せつけられれば、御為宜しき方に存じ候、大小の百姓大分のお救いにまかりなり候、如何仰せつけられ候や伺い奉り候」

享保四年亥正月

御勘定所

山田八郎兵衛

幕府の勘定所はこの現地に派遣された
代官山田八郎兵衛の悲痛な訴えを黙殺した

百姓要求を江戸藩付に直訴

享保五（一七二〇）年十一月二十六日
南山下郷松川組ほか三組の百姓七　八百名が
田島の東　長野村田部原に集まった
それを聞いた上郷の百姓も田島の西端鎌倉崎
に集まり　田島の代官所に向かった
しかし　一揆を結んでの行動ではなく
代官所にお願いするために集まったのであった
代官所は取り合わないために
夜になり　百姓の人数はますます増えて

数か所に篝火《かがりび》を焚いて暖をとったが
強訴のようなことはなく
夜遅く解散して帰っていった

それから数日が過ぎたころ
代官所から願いあるなら代表が
その用向きを文書にして持って来い
大勢が集まって騒ぐことはご法度だと名主らに伝えた
そこで下山村（南郷村）の名主権之丞と界村の百姓四郎兵衛らが
各村を回って要求を次の五つの項目に取りまとめた
一、年々引き上げられる年貢の引き下げ
二、小穀（大豆、小豆やエゴマなど）雑穀の年貢の除外
三、江戸廻米の廃止
四、年貢を米納でなく金納にすること
五、郷頭制（地侍の有力者が一組十数ヵ村を支配）の廃止

それを代官所への訴状として

先の二名に加えて下山村百姓杢之丞、界村百姓孫右衛門の
四人で代官所に提出した
代官所はその四人を強訴人として捕えて投獄した
これがこの一揆の発端である

それを見た農民は代官所ではなく
江戸幕府勘定所への直訴を行うために
改めて五項目を確認し　それを
十三ヵ条（郷頭答弁書のところでその内容を提示する）
にまとめて南山全村での一揆を結んだ
そして同年の十一月五日（旧暦）
田島を挟んで一方は伊南組宮床村安照寺に
もう一方は大谷組の湯（五畳敷）村に集まり
「直訴がご法度なら、到底再び生還することを得ざるは
すでに明らか、もとより身命を顧み申さず」と
誓紙を交わして　南山御蔵入二十三ヵ村から三十五名の
一揆総代を選び　うち十五名をもって

直訴のため　江戸への先上がり隊を編成した
十三ヵ条の訴状は小栗山村の百姓喜四郎の指示に従い
黒谷村の百姓儀右衛門が筆をとって書きあげ
訴状は幕府の社寺奉行に直訴することを決めて
享保六（一七二一）年正月から二月にかけて
十五名を二組に分けて、会津から江戸に向かった

著者不明とされる山ノ内為之助　注『奥州南山御蔵入物語』にはその出立の様子を、「斯くて正月十日にも成りぬれば、思い思いの出で立ちにて、忍道（関所のない裏街道）に懸り、あるいは木伐り、炭焼き、杣山人の姿に態を替え、関所、番所を外に見て、寒気厳しき折なれば、嵐の雪に身も疲れ、道なき山に分け入りて、命の限り漸くと、二月七日までには全員が江戸表にぞ集まれり」と書かれる。

直訴はまさに決死隊であった。

幕府は、彼ら全員の罪状に「関所破り」を付加する。

十三ヵ条の要求項目

二月十三日　勘定奉行水野伯耆守の御用人伊藤仙右衛門に

一行の代表は訴状と口上書を差し出し
仙右衛門から二月十六日に出頭せよ　と命ぜられて出頭した
持参した「口上書」には
「拙者共は奥州南山御蔵入山田八郎兵衛支配　五万五千石の百姓共
に御座候　然る所に　お代官様御慈に御候得共　郷頭と申す役人
御座候得て　地下の者共を押掠し相たち難く関所等は差し留められ
忍び道仕り命懸にて　漸く御当地へ是非なく十三ヵ条の願書を仕り
に罷り出申候　以上」
と書かれ　仙右衛門は訴状を月番の水野伯耆守にではなく
勘定御組頭の坂本新左衛門に渡し
二月十六日に受理された
そして二月二十一日に幕府勘定組頭坂本新左衛門のもとで
訴状が審理された
坂本は冒頭　訴状の十三ヵ条のうち六ヵ条は
幕府の制度を批判（御政道批判）するもので
取り下げを命じ　それ以外は郷頭と百姓の問題で
その対立の解消を図るとして

南山の郷頭らや名主の取り調べを始めた
三月に入り　月番の大久保下野守忠高に
さらに四月に入っては駒木根肥後守と審理は回されたが
その間　百姓側は六ヵ条の取り下げに応ぜず
それどころか五十三ヵ条の詳細な訴状を
勘定方に追加提訴をした
この幕府の制度批判の取り下げには
百姓側は一歩も引くことなく　敢然として戦ったのである

幕府はあくまで郷頭と百姓との問題とするために
代官山田八郎兵衛に申し付け
南山御蔵入内の代表的な郷頭滝谷組山内吉右衛門ら六名と
百姓の訴状を検討させ
さらに十二名の郷頭を集めて
訴状に対する郷頭答弁書を「五万五千石願書」として
作成して五月十三日に
幕府勘定所に提出させたのである

要求項目に対する郷頭答弁

（ここで訴状の十三ヵ条とそれに対する郷頭の答弁書、原文は漢文なので要旨を意訳して掲載する）

南山御蔵入御代官所山田八郎兵衛様
南山御料惣百姓代表

第一条　会津御料所は山郷の狭い地方で、石高より人数多く、そのうえ秋は九月（旧暦）より雪降り、春は四月まで雪消えず、田畑の稼ぎは半年で、あとの半年は薪《まき》取りで金にはなりません。田畑はすべて一毛作で年によっては霜に遭い、二、三年に一度は実が入りません。このお願いは百姓どもの生活がはなはだ困難なので生活を続けていくためのお願いです。

郷頭の答弁　会津御料所の惣代といって、伊南、伊北、金山谷七組の百姓十五名が江戸に上り、御訴訟を申し上げている十三ヵ条をわれわれが吟味するよう言われましたので、それぞれの条ごとに申し上げます。

第二条　当子（享保五）年の年貢が滞納していますが、米の方は夫食米《ふじきまい》の値段で五年賦で、金納でお願いします。田島代官所に滞納している年貢の月延べをお願いしたところ、駄目だということなので、困窮している百姓の身代半分を片付け（財産整理）て、ようやく滞納をなくしております。

郷頭の答弁　この百姓の願いは申し上げるようなことはありませんが、滞納者のいる村には厳重に督促をしております。実直だが滞納している族《やから》は、われわれがよく調べ、実情を見て納めさせていますが、徒党を組み滞納をすすめる不埒《ふらち》な者もいるようでありますのでよく取り調べてください。

第三条　代官が代わって御免相（税率）が年々上がり、地下（百姓）の生活が成り立たなくなった。困窮の百姓一同やむなくお願いするものですが、御慈悲をもって慶長金の通用御免相に引き下げ定免にし、それ以外の割り方（負担）を減じていただきたい。御物成（本年貢）だけなら地下も成り立ちますが、郷頭からの賦役、割りかけ、金銭の取り立ての実態を調査していただきたい。

郷頭の答弁　御免相（税率）についてはは郷頭の及ぶところではない。それらのことはその折々役所からの指示に従って行っていることで、それ以外については覚えがない。すべては毎年、御皆済御勘定帳面に書き留めてご報告しているとおりであるのでご照合していただきたい。

第四条　小穀割（大豆、小豆など）への課税は、新しい負担のうえ不時に取り立てられ、御囲籾（備蓄米）も半分にさせられ、そのうえ夫食米（飯米）の貸付けも年々減らされ、御定めの員数の三分の二にしか貸し与えず、三分の一は郷頭が勝手に貸付けています。そればかりか高食米といって平年よりも二斗八升ずつ高値に売り渡して、代金をきびしく取り立てています。この米を百姓どもの飯米にするようお願いします。備蓄している粟、稗にも二割の利息が掛けられていますが、これも備蓄米と同じく無利子で貸していただきたい。また、夫食米はお情けをもって高値でなく、下値で直接百姓に御目録（貸付帳簿）とともにお渡しいただきたくお願いいたします。

郷頭の答弁　小穀割は百姓の言う通り、午（正徳四）年から始まり小豆やえごまは申（享保元）年より課税しています。夫食米の件は先年から貸高を増やしています。特に三分一を郷頭のわれわれが勝手に高値で売っていることはありません。お役所の割符をもって高（耕作面積）半分、人別（家族数）半分割符されていて、それをもとに村の強弱、代金の納入状況、滞納などを勘案しています、もちろん特別に困窮している名主や身体の具合が悪く稼ぎのない者の分は百姓の連帯で納付させる他ありませんが、村の百姓に迷惑が掛かるのでわれわれもいろいろと工夫をしております。夫食米の三分一を高値で売っているようなことはありません。この段も名主に確認してください。

第五条　当御料（南山五万五千石）は遠いところなので郷頭どもが支配下の百姓を押し掠《かす》め（いじめ・ごまかす）、上納期限を九月上旬より申し付け、その他、不時な割り方（不当な賦課）が多くあります。是非、調査をしてください。

郷頭の答弁　われわれは御上様のお触れによっている。秋成は八月末に百姓に指示し、九月中に取り立てを行っているが、それでも滞納が起きる。そうなればわれわれが不働き（郷頭の怠慢）だと云われる。百姓を押し掠めしていることなどとんでもありません。武村代官のときに郷頭の給分が百姓の負担になったのでそういう言い方をするのだが、そんなことはありません。

第六条　拝借物については、名主、百姓が帳面を差し上げ拝借し、郷頭の介入の必要はなく、御公用に支障はない。去る戌（享保三）年十一月には倍の金額の取り立てが行われて地下の者どもことのほか行き詰まっている。

※　拝借物とは、享保三（一七一八）年に幕府は金の含有量の少ない金貨を鋳造したために

物価が高騰した。それで幕府は金の含有量の多い金貨を鋳造した。そのために古い金貨と新金貨に格差が生じ、古い金貨で借りた金を支払う場合は、新金貨で借りた金の倍納めなければならないことが起きた。

郷頭の答弁　われわれは古来から幕府の諸拝借物は郷頭が引受けて百姓に貸し渡してきた。戌の十一月の新金貨での支払いは倍になったが、亥（享保四）の年からは、新金貨になる。不正などではない。

第七条　上納を九月五日より仰せつけられた。青刈りをして売り払い、それで米が不足をしている。やむなく麻、雑穀も下値で売り払い、それでも足りない分は家財道具や家族を質券にして完済している。しかし、子の年（享保五）には行き詰まってしまった。かつては上納が十一月であったので、そのようにお願いしたい。早く集めた金は郷頭が押さえておいて勝手に使っている。そうできないように直接名主、百姓に上納金を申し付けていただきたい。

郷頭の答弁　もっての他のことであります。われわれは納期までに完納するために、大変な苦労をしています。集めた金は五、七日は押さえて置くこともありますが、手回し（勝手に使う）などはありません。われわれの給金は一名につき米五石五斗から七石までで、うち半分は米、半分は金子一両三石二斗替えであります。郷頭のお役目は有難いことでありますが、ことあるごとに田島代官所に詰め、その負担も大変であります。地下のために働いているのに郷頭は無用などとは不届きであります。御料地は雪国で、またどの組も田島代官所までは七、八里はあり、遠いところは十四、五里もあります。高い山を越え、わけても十月からは雪降り、雪踏み人夫も必要です。また人足の旅籠代もかかります。

第八条　当御料地には郷頭が十八名います。このために大小百姓ども二千七百石余ほどの役高になります。そのうえこの二、三年は郷頭どもが田島表に長詰めして経費がかさみ負担が増えています。この負担増について恐れながらご公儀でご検討ください。

郷頭の答弁　これにも異議があります。われわれ十八名の作高六百四十四石一斗五升四合のうち七十九石二斗一升二合は人足役として組下村々に余荷《よない》（負担）してもらっています。残りの五百三十三石八斗九升三勺は、昔から余荷としていますが、二千石などではありません。田島に長く泊まるのは百姓どもが徒者の道理のない勧めに乗って、公事出入り（役所への申し立てなど）が多いためであります。

第九条　五万石惣割（全体の賦課）の事ですが、田島へ郷頭が残らず行って、その経費が大変なところ、一昨年は唐人（朝鮮人使節）の賄い御用に、郷頭や名主が三河国吉田へ出張した時、郷頭一名に四十両、名主一名に二十両ずつを村々から取り立て、御公儀からその経費はでるということで招致させられましたが、どうしたのでしょうか。

郷頭の答弁　田島陣屋にわれわれが長く留まることは申し上げた通りだが、朝鮮使節御賄い御用のことは、そのことを仰せつけられた郷頭と名主が寄合をもって申し合わせたことであります。遠い国にいって数ヵ月もつとめることでありますので、農業や渡世（生活）に支障がないように、はかりました。とくに支度の費用を自力では賄い難く、その費用を郷頭一名十五両、名主十両、百姓八両ずつ負担することを申し合わせ、取り立てました。代官様から郷頭、名主十一名分の費用として五十両いただきましたので、それを差し引いて残りを賦課しました。この件の勘定が終わり次第費用については御公儀の方からいただけるということでありますので、その場合は郷頭、名主立ち合いの上、村々に渡すことを約束します。われわれがそのことで百姓からとゆかく言われることはありませんのでお調べください。

第十条　御廻米（年貢米の江戸廻米）を御料地から千石、浅草御蔵に納めていますが、当地は山郷ゆえ青米多く、それが減米になり、指し米（減少分の補填米）が多く要ります。さらに陸方料、上乗りなど運送の費用負担が多く、百姓は皆困っております。とくに山王峠、高原山は高く険しい峻嶺で、道には程遠いものがあります。農業の時節は仕事に支障が生じ本当に困っています。恐れながらこの御廻米をご赦免下されたく御願い申しあげます。

郷頭の答弁　このことは、われわれからもお願いしてきたことであります。これまで金納の時も、また千石のうち四百石を金納とし、六百石を御廻米としていただいたこともあります。右の場合金納になれば、飯米の値段よりも高値になることもありますが、御廻米の費用を負担しなくてよくなり、大変に助かります。

第十一条　見取新田（新しい開墾田畑でまだ収量が安定しない所）について、去る子（享保五）年から、本田と同じお物成（年貢）にさせられました。深い野山の奥地、旱損地（水不足）、水損地（水害地）、または山沢、河、沼地などを埋め、一、二歩より一畝までの開発田は、毎年ように雪霜にやられて皆損の年が多いので、それにまで年貢をかけられては荒らすしかないので、何卒御憐憫《れんびん》をもって見取新田の年貢を軽減いただきたい。

郷頭の答弁　このことは、亥（享保四）年、郷頭十八名が御役所に呼び出されて、神文（誓い）を仰せつけられ、依怙贔屓《えこひいき》のないよう善悪にかかわらず実態を報告するように申し付けられ、それによって行っております。現状をご案内いたしますので御検分してください。

第十二条　去る子（享保五）年、年貢の金納が米納になりましたが、米がなく金納と米納が半々で納めたところには、半割米（反別米納米）を治めさせる御触書が来ました。困ったので田島の代官所にいって聞きましたところ、請書（承諾書）は郷頭の一存で出されていることがわかりました。このような大事なことを百姓に相談もなく行うようでは、御料地内の田畑を一畝一歩たりとも耕作する百姓は一名もいなくなりましょう。

郷頭の答弁　これまで田があっても米納ではなく金納にしてきた村もある。米納は大変に難儀なことであり、郷頭からも数回にわたってお願いをしてきたところです。とくに当年は麦作までが悪く米穀が高値になり、百姓は皆困っています。年貢の米納はますます百姓を窮地に追いやることになります。そこで当年は米納でなく、今までのようにお願いし、来年からはそのようにしてはどうかと名主らとも相談していたところです。それがまとまったら百姓に知らせる考えでした。なにしろ百姓は大勢ですからそれに相談も大変であります。

第十三条　郷頭は地下（百姓）のためには必要のない役人です。とくに近年、御上納のためなどとお金や米を勝手にし、御貸しものなども我儘（意のまま）にして百姓どもを押し掠めています。そのために御上様の御慈悲も下には通じず、下の嘆きも上には達しません。御慈悲をもって他の御領所並みに、直接名主、百姓に仰せつけいただきたくお願いをいたします。右の通り御慈悲をもって御憐憫いただければ、永く百姓に相務める者相助かりますのでお取り計らいをいただければ有難いことであります。

享保六年丑二月

奥州会津御料所惣代　界村名主兵左衛門

二十四名が署名捺印（省略）

郷頭の答弁　郷頭の役はこれまでも何度も御免のお願いをいたしてきたところでありますが、御料地は村数も多く山野を隔ててあり、村々それぞれに命じても埒《らち》が明かないというので御役御免の願いを申し上げております。いま以て御役御免の申し付けがなく、やむなくその役に就き、その職務に精励して百姓の暮らしが立ちゆくように計っています。年貢の滞納が無いように、あるいは忠孝善行の者、村睦ましく実直のところは御上に申し上げ御褒美をいただいております。ところが近年になってわれわれが言えば心よく思わず、百姓の気持ちが狡猾《こうかつ》になってきております。われわれ郷頭は心痛めながらも凶事のないように裁判などで問題を解決してはいます。九年前にも一部の百姓が同じことを御巡見様に書きつけをもって申し上げましたが、当時の代官中川吉左衛門様に渡され、八ヵ組の名主が調べられましたが、今般もわれわれ郷頭に不届きがあるかどうかよくお調べください。また、これがすべての百姓の総意なのか、一部の者の申し立てなのか調べていただければわかると思います。右、百姓どもの申し立ての各条についてご返答いたします。われわれに押し掠めなど非道なことなどなく、かねてより御用のすじを大切に守り、御取立てもさまざまの差し引きも、村々の名主、組頭によく知らせており、このような申し立ての虚実も調べていただけば明白であります。

享保六年五月
十八組郷頭、滝谷組
山内吉右衛門
外十七名（省略）

幕府の画策と一斉逮捕

以上が、幕府直轄地である会津南山御蔵入領の百姓惣代三十四名の連署で幕府の勘定所に直訴した十三ヵ条の内容と、それに対する郷頭一同の答弁書の内容である。

幕府の勘定所では十三ヵ条のうち、幕府の制度に関する六ヵ条は取り下げを命じ、残りの七ヵ条は郷頭に対する要求だから郷頭がそれに対して答弁をせよと、地方役人と農民の問題として処理することを代官に命じた。これに対して農民側はその取り下げに応じず、郷頭の実態調査を求めたのである。

勘定所は六月から各村の名主の代表八名と郷頭全員を江戸に呼び出し、享保元（一七一六）年からの代官所の書類と郷頭、および名主の諸帳簿を調査したところ、代官所を通しての食米としての拝借米六千石が、農民には四千五百石しか貸し出されていないことが判明した。まさに訴状が裏付けるように千五百石が郷頭のつけるさまざまな理由によって自由に扱われていたことが判明した。

そのことは南山御蔵入の農民にも報告され、それまで代表の江戸送りをためらっていた村も緊急に集まり、代表の江戸送りと資金の調達を図った。高野組針生村では惣代半兵衛を送った。福米沢村でも資金調達を行い、その要請書面に書かれたものが残っている。そこには「この儀は生活に行き詰まった百姓が一命を捨て、屍《かばね》を白骨と消えるとも、少しも心配することはない。右当月二十七日に大久保下野守様へ訴え出る百姓の首尾を、大いにわれわれ神に祈る」と書かれ、直訴の成果を期待している。

幕府はあくまで郷頭と百姓の問題として処理しようと画策するが、郷頭も農民も江戸廻米の廃止、米と金納をこれまで通りの半々に納入することでは一致し、それが叶うまでは江戸に滞在することを申し立てる。そして小栗山村の喜四郎らはまさに命を賭して不退転で闘うことを村々に伝え、そのための資金の調達に奔走する。

九月になり、幕府の勘定所は訴状の審理は終わったと告げる。それでも訴人の惣代たちは、第十条以下、十三条までのお願いのお聞き届をと、執拗に嘆願するのに業を煮やして、この一件は村方騒動から、村方の総意ではなく、一部の者が禁令を犯して徒党を組み、おそれ多くも幕府に直訴を企てた反逆罪として扱うことを宣し、弾圧によって終息させる方針に変えたのである。九月中旬に幕府勘定組頭坂本新左衛門を筆頭にして、十九名の役人が取り調べと称して、南山御蔵入の田島代官所に乗り込んできた。そこに福島代官所から二十三名の応援隊を呼び、さらに幕府は会津藩の一ノ瀬伝兵衛騎馬隊七十九名と足軽七十名を田島代官所の周辺に配置し、それでも安心ができなかったのか、御料地との境の関山宿にも兵を待機させて、いっせいに幕府への直訴にかかわる村の名主、百姓の逮捕に踏み切った。界村の名主兵左衛門を皮切りに新遠路村名主久次右衛門らが次々に捕えられて、罪人を運ぶ唐丸篭で江戸へ送られ牢に入れられたのである。江戸にいた訴人たちも、いっせいに手錠かけられて牢に入れられた。

さらに南山御蔵入地内の平百姓は田島の牢に入れられ、十一月には入牢者の数が八十名を超えた。その他、手錠を掛けられ村預かりとなった者は二百名を超えたのである。小栗山村の栗田喜四郎はこの時、田島の旅籠、小川屋平左衛方で逮捕され、即刻、田島の牢に入れられたのである。

郷頭たちの責任逃れ

一方、村に帰った郷頭たちは幕府の意図に沿って、この騒動はかねてから郷頭に遺恨をもつ一部の名主や組頭百姓たちが扇動して、郷頭制の廃止を企てたものだとして、その証拠づくりをはじめたのである。七月十六日の郷頭願書が残されているが、九月には一斉逮捕が行われることを知らされていた郷頭たちは、それを逃れるために村々の名主に、郷頭の文書と内容をほぼ共通するように働きかけを展開した。そして幕府勘定方に提出されたのが次の文書である。

「この度、頭取（首謀者）の者を御取調べになっていることは承知いたしておりますが、頭取の者は界村兵左衛門、布沢村茂左衛門、黒谷村儀右衛門、只見村義右衛門、新遠路村久次右衛門、滝沢村喜左衛門の六人の名主に間違いありません。あとの十五人は畢竟《ひっきょう》（つまるところ）枝葉に過ぎません。徒党を組んだ名主六名と十五名の百姓、さらに追訴に加わった十八名どもを、その罪の軽重を以って、いかようにでも処罰してください」

と、一斉逮捕の前に口裏合わせを行っている。

幕府は会津藩に対して南山御蔵入地域に情報操作のために隠密隊の派遣を命じ、村々における百姓の動静を探っている。多数の百姓が申し合わせのようなことをしている様子があれば、すぐに召し捕れと下知している。特にその重点地域としたのは小栗山村のある大石組である。十三ヵ条の訴状に名主でもない喜四郎が署名していることに目をつけ、小栗山村名主六三郎ら大石組の名主の連盟で幕府に提出する名主文書がつくられていた。いわゆる「中丸文書」である。

これは大石組郷頭中丸家に残されていたので、提出されたかは不明だが、それは次のような文書である。

「恐れながら書付を以て願い奉り候事、

一、大石組川口村新五左衛門、水沼村忠兵衛、小栗山村喜四郎、この三名の者どもは、組中百姓の代表といってこの二月に江戸に上り、五万石百姓一同の願いなどという書付を他の数人の者と御公儀様に差し出し、これによって夏には呼び出されて郷頭ならびに名主まで江戸に上り、数日にわたって御詮議をうけ、ようやく帰って来ました。三名のうち喜四郎は郷村に度々廻状を出し、自らも走り廻りさまざまな偽りのことを言い、地下や役人の行動を妨害しました。そのためにことごとく御用に障害が起きました。例えば、御収納金も廿日までにお役所に納めるようにご通知がありまして、十日頃より□□□（虫食い）納める様に百姓に言いましたが、今も一切納めない百姓が村々には多数おります。これも、畢竟願書を持っていった者の□□□（虫食い）と考えられます。

一、すべての御用につき、百姓判形（了承の同意）申し付けましたところ、夏に喜四郎が江戸より帰ってきて、請書《うけしょ》（承諾書）などは水野伯耆守様（幕府勘定奉行）に願い出たところ、百姓は判をつかなくとも、名主、郷頭の判でよいと言われたといって、田島代官所のものまで承諾の判はつかない旨を、郷頭宅で行われた名主、百姓の寄合で言っております。そのために夏に出された三度の御靖書に、一通も判を押さない村が数多く出ております」

―中略―、（この後に、名主らの御用の経費負担について、喜四郎らがそれは役職だから百姓が負担する必要はない、と言ったために、費用を払わない村が出ている、などの内容）右の通り御用に支障が出ており、名主役人の役は務まりません。大変迷惑しておりますのでよくお調べいただくようお願いします。以上。」

享保六年丑九月二十日

玉梨村名主　甚左衛門　印

小栗山村名主六三郎ら十三名の

名主が記名捺印をしている（省略）

御役所

この名主の連判状には、さらに次の一項があった。しかしそれは証拠を残さぬために削除し、名主の口頭陳述によって行うように配慮している。その一項の内容は次のようなものである。

「御用ために郷頭から出された廻状は所々で滞留しているのに、願人（江戸に訴状を出した者）どもの廻状は、刻限通りに違いなく届けられている。それもなにかと度々出している。それは最後に廻る組の郷頭か百姓が持っているので、是非呼び出して調べていただきたい。村々においては一人一人にかかわることだが、頭取人（首謀者）どもは、廻状によって明らかなように、愚かな百姓どもに江戸表のことをいろいろと偽りの情報を言ってだましている。その張本人をそのままにしておいては、お役は一日も務めることはできません。われわれ名主役一同をお役御免をお願いいたします。この度のことは大変申し分けないことですが、悪人どもにすすめられ、地下一同の御政法（統治）はうまくいかず、乱国になってしまいますので、是非なく御訴えをいたします。何卒御詮議の上、何分の御命令をしていただくようお願いいたします」

これは詫び状のようであるが、これに類似するものはいくつかの村々からも出されている。この郷頭文書と中丸文書などをもって、『大沼郡史』が編纂された大正時代には「小栗山喜四郎義民にあらず」としているが、それは訂正されなければならないだろう。なぜならこれは前述したように、探索を打ち切り、この一件は南山御蔵入惣百姓の訴訟ではなく、首謀者の数名の名主と、それに呼応した小栗山村の喜四郎や黒谷村の儀右衛門らによる御公儀の政策に対する謀反であり、郷頭制度などの幕府の支配体制に対する要求は不当である、と幕府勘定所が裁断するために用意された文書であるからである。

組織的な一揆、多くの犠牲者

二年間に及んだ騒動の結末は、南山御蔵入領内における郷頭と名主および地下との騒動として裁断され、訴状に基づき調査した結果、郷頭の夫食米貸付（飯米）の不正が発覚した松川組、弥五島組、和泉田組の郷頭が役儀召し上げ、過料三貫文の刑に処せられている。それらを含めて、冒頭に述べた和泉田組界村名主兵左衛門、大塩組新遠路村名主久次右衛門、大塩組滝沢村名主喜左衛門、和泉田組布沢村百姓茂左衛門、黒谷組黒谷村百姓儀右衛門、大石組小栗山百姓喜四郎の六人の打ち首獄門の刑を最高に、江戸牢内において九名が牢死（死因は不明）、名主七名の役儀召し上げ、田畑残らず召し上げが六名、半分召し上げが十八名、過料五貫文六名、同三貫文十一名、入牢、手錠、村預かりなど総勢三百七十五名を処罰したのである。

小栗山村百姓喜四郎は、享年四十七であった。享保七（一七二二）年八月、幕府は会津南山御蔵入二百三十六ヵ村を会津藩の預かり地として、幕府の直轄支配を廃止した。会津藩は藩主保科正之による祖法（統治政策）にのっとり、江戸廻米を廃止し、年貢納入を金納にした。さらに郷頭の不当な介入を許し、地下（農民）に不利益を与えた「御救夫食米制度」（飯米貸付）を廃止し、南山御蔵入領内の米を飯米に事欠く者に夫食米として払い下げる制度に改め、これを「現物米」として定着させたのである。

南山御蔵入二百三十六ヵ村の惣代三十五名が全村の統一要求として整理した十三ヵ条の訴状は、その江戸表で幕府の動静の報告を含めて、村々においては百回を超える百姓の寄合がもたれ、そこでの要求が追加訴状として、村からの第二次、第三次の江戸への後登り参加者が滞在費用とともに持参し、その数、実に五十三ヵ条に及んでいる。後登りの参加者も十八名におよび、まさに全村に拡大していったのである。要求の詳細についての実現は残されたものもあるが、基本的な要求である江戸廻米の廃止と、年貢の金納、夫食米の現地確保などを実現し、支配制度としての郷頭の廃止については不当要求とされたが、支配が会津藩への預かりとなって代官も会津藩から派遣され、会津藩の祖法（統治政策）によって執り行われることになったのである。

最初は会津南山御蔵入に起きた村方騒動、とたかを括っていた幕府勘定方の思惑をはるかに超えた、一揆の組織的な体制とその強靭さに、驚愕したからにほかならなかった。騒ぎが長期化すればするほど幕府への打撃は大きくなると判断した結果なのである。

事件の発端となった田島代官所への愁訴から三年。そのようなやり方では打開の道は開けないと見た喜四郎らは、これは田島代官所では埒があかない。直支配なのだから一揆を結び、越訴（順序を飛び越し直接上位者に訴える）によって幕府の勘定方に直訴をする。直訴はご法度だが、訴状をまとめて月番の勘定奉行に訴願すれば、その訴状にしたためた訴状の調査はお願いできるかも知れないと、もっとも穏便な方法でお願いする。集まった百姓はそのことで衆議一決し、十三ヵ条の訴状をもって一揆を結んで決行したのである。

喜四郎という人物と役割

江戸時代の初期に、会津の山間地南山御蔵入地方において、これほどに組織的な農民一揆が行われたことに瞠目《どうもく》する。その組織者の一人に、「恵比寿神官」と呼ばれていた大石組小栗山村の百姓栗田喜四郎の存在に注目する。

喜四郎がその時節になると、大黒様の鯛を抱いて釣竿をかついで座る絵柄を刷った御札を村々を廻って売っていたことをもって、何か怪しげな人物のように評価しているが、わが国における恵比寿信仰は神話的には『記紀』の蛭子《ひるこ》神にはじまる。民俗学では庶民の間で「えびす講」とよばれる講が発生したのは室町時代の中頃といわれる。はじめは漁民の集まりのようなものであったが、そこから商人、そして農民へと広がっていったと柳田国男は書いている。えびす講は伊勢講や太師講のように、毎年、伊勢講なら伊勢神宮へお参りをするというような講ではなく、各家庭で祀ることが多く、とくに東日本では一月の廿日と十月の廿日を「えびす講」の日としている。一月の恵比寿講では、予祝《よしゅく》行事のなかに取り込まれて、豊作や家業の繁栄、家族の健康を祈る。特に立春に行われる「豆まき」で豆を撒くときに会津では必ず〝恵比寿大黒、豆あがれ〟と唱えるのは、恵比寿信仰の影響とみられる。

恵比寿信仰は会津の農山村に広く浸透していたのである。そのご神体は米俵の上に座して大きな鯛を抱いて釣竿を担ぐ絵札である。歳徳神（歳神）と同じく、その時にだけどこからか訪れる神で、人々はその日を待って生活の計画を立てて暮らしをしていたのである。

その恵比寿信仰の絵札を小栗山の喜四郎は、豪雪地帯の山間地の村々を回って売り歩いていた。喜四郎は恵比寿講の組織者としての役割と同時に村々と村人の生活実態を体感的に熟知し、その打開について、村々の恵比寿講中において話し合っていたのである。

訴状を持って最初に江戸上りした十五名の交渉の経過が、廻状としていち早く村々に廻されたのは、喜四郎の組織した恵比寿講の関与なしには考えられない。代官所から組の郷頭へ、そこから村々の名主を経て地下（個々の百姓）へという体制側の機構に対して、喜四郎らの恵比寿講は、江戸からストレートに講の組織ルートを通して講中の百姓に、しかも絵札同様に一定量の組織配布を可能としていたのである。それを仕切ったのが喜四郎であった。彼は「恵比寿神官」とも呼ばれていたというから、時にはそれらしき姿をして、後方の組織化と江戸上り隊への資金調達に奔走していたのである。この南山御蔵入騒動の経緯を見る時、オルガナイザーとして小栗山喜四郎の存在は極めて大きいと確認できる。

「御蔵入のなかの鎮守」

南山御蔵入騒動は越訴による幕府勘定所への直訴という形態の一揆である。御領地内において暴動や打ち壊しや脅迫などの暴力的な行為は一切行われていない。すでに述べたが代表者が江戸に上るにあたって、関所を避けた、関所破りを犯した罪だけである。村々で寄合を重ねて要求を十三ヵ条にまとめ、その実現のために一味同心して一揆を組み、その中から江戸への代表を選抜して送り、残りを村々に幾組かに分けて後方支援にあたるという極めて組織的な体制を構築し、それを廻状によって束ねている。それを可能にしたのは、一つは喜四郎の恵比寿講であることは述べたが、もう一つは中世期の南山御蔵入地域が山ノ内、河原田、長沼の三氏に支配されて、葦名氏が滅びるまで、彼ら関東武士団によって統治されていたことを挙げなければならない。

文治五（一一八九）年に頼朝は奥州藤原氏を滅ぼし、その所領を諸将にあてがう。会津盆地の四郡は佐原氏に与えられたが、南西部の山間地一帯は山ノ内、河原田、長沼の三氏に与えられて三氏は家臣団を引き連れて入領した。伊北金山谷の山ノ内氏、伊南の河原田氏、南山を長沼氏はそれぞれ会津古代の仏教文化の上に東国の武士道文化を注ぎ込んで、会津に中世的文化圏を構築したのである。そして近世期までの四百年間、盆地を拝領した佐原一族が先妻と後妻の子息たちによる骨肉の争いをよそに、三氏は争うこともなく独自の文化体系を作り上げていった。

高い識字力と役人層の東国武士としての誇りに支えられた文化レベルは、代官として派遣される幕府役人と対等の意識を醸成していたのである。この二つの客観的な条件は、南山御蔵入騒動の基本的な要件である。廻米問題や十三ヵ条の要求を幕府の勘定所への直訴ということで決定し、そして六名の打ち首獄門をはじめとして犠牲はともなったが、要求のほぼ全面的な実現をみたのである。

郷土史研究家の海老名俊雄氏が『三島町史』の編纂の過程で、滝谷組遅越渡村の百姓奥太郎が『郷頭答弁書』の奥付けに書き残した添え書きを発見した。そこにはこの一揆と主謀者として打ち首獄門になった小栗山村の栗田喜四郎を百姓たちはどう見ていたのかが伺い知れる。

「右発端人というのは、大石組小栗山村、恵比寿神主栗田喜四郎と申す仁なり、もっとも春秋二度宛てに五万五千石（南山御蔵入）の村々を節々に廻っていて、再三、人に勧めていたと聞いている。これを如何にと言えば、惣檀中（惣は村単位で行動する場合に惣という）及び困窮を嘆き、右の企てをしたのである。ですからこの仁は、御蔵入のなかの鎮守（村を守る神様）と言うべきであると、愚案被存候（考える）」

と書かれている。

また滝谷組檜原村名主長吉は、「訴状と郷頭答弁書」を書き写した末尾に、「これより長吉浮世への書置き」と題して次のように記している。

「右御詮議、つまりは郷頭どもが勝った公事（裁き）になり、百姓どもは負けの公事となった。百姓どものうち頭取と見られた者ども六～七名がお仕置きになり、伊北（南山御蔵入の北部）の中の名主も百姓に一味いたしたとして両名がお仕置きになった。そのなかで小栗山喜四郎という者は、江戸に上らなかったけれども、この地方にいて所々に徒党を結んだということでお仕置きになった者である。村末代の心得のためにあるがままを印置くものである」

「この吟味のつまりは、坂本新左衛門という御仁を詮議役として、その他にも大勢が田島に来て、五万五千石の百姓残らず呼び出されて調べられたところ、百姓どもが言うには、わたしどもは公事（裁判に訴える）のことは考えていません、と皆一同に口を揃えて言い、江戸に上った者どもは、大偽りでこんなことになったと言ったのだが、大勢のことだからそう言えた。つまるところそうなることは世の常である。浮世の子孫たるものこの紙面を朝夕に心に納め忘却してはならない。我は不思議な悪縁で時に折節生まれ逢い、江戸表の御公儀まで出かけて、実際に身に染みたので書きしるして置くのである。他に見せるものではない。よくよく秘して自分一人の心に納めておくべきものである」
「右死罪に逢う者なればこそ、その身一つにして加わった願いなのだが、この地内でそのような相談はなかったと言われ、身抜けにされてしまっては、誰にも言い分を言うこともできずに、その身を罪に落とされる定めとなった。五万石のなかでは力勝れ□□（虫食い）の者であったのだが、その上に立つ郷頭どもは、するりと言いのけられてしまった。このような試合（戦い）に逢って油断すれば人は自分の知識によってその身に災の及ぶことを忘れることは哀れなことだ。すべて人は我より上に立つ者は、必ず知識のあるものと常に心得ることだ。これらのことをかくまで言うのは、浮世の子孫に、人のためなどと仮にもことを起こすことのないように思うからだ。何事も末の世の無難を思うばかりだが、それを書き置くのは恥ずかしことだ。

檜原村片山長吉　書置」

名主の片山長吉は取り調べのために享保六年に江戸表に呼び出されている。打ち首獄門になった小栗山村の百姓栗田喜四郎は優れた者であったが、その他打ち首獄門になった名主たちも、皆の事を思っての義挙にもかかわらず、我が身を守るためとはいえ彼らにその責任を擦り付けてしまった。それは哀れなことである。決して人のためなどと上に対してことを起こすな、恥ずかしながらそのこと書き置く、としている。長吉も奥太郎と喜四郎らに同じ思いを持ちながらも、この事件を忘れるな、その結果に対して、身を守るために、行く末、決して人のためなどと事を起こすな、と子孫に書き置いている。偽りのない心情であったであろう。

【資料】

義民碑

前農商務大臣従三位勲三等、河野廣中篆額

噫義人喜四郎君碑

正徳三年、徳川幕府の代官山田八兵衛、我が会津南山御蔵入田島に入るや、無法の苛斂に人民を虐げ、郷頭等また之に結託して暴威を振ひ、為に二百三十六ヵ村、十八ヵ組の民、食に離れ衣を失ひ、惨状言語に絶す。義民喜四郎君慨然小栗山に蹶起し、東奔西走、享保六年正月、決死の総代黒谷村儀右衛門等十四名と共に江戸に上り、寺社、地方、勘定諸奉行に訴へたが、誠意なき幕吏は荏苒決せず、其間反って代官迫害の魔手同志の上に臨み、喜四郎君以下三名は六月某夜田島上町の旅舎に捕われ、農民三百五十餘名の大検挙となり、翌七年六月、五人は死罪、獄門、三十餘人は追放闕所、喜四郎君亦七月二日を以って田島西町鎌倉崎に於いて斬に遭ふ。時に年四十七。長子兵右衛門首を請うて小栗山の堂前に葬り、遺體は村民が護摩山に埋めた。噫義人喜四郎君よ、君逝いて二百年、君が尊き碧血の跡に咲き出でたる善政の美花は蒼生をして永く聖明の澤を楽ましめ、君が心に燃えた正義の火は烈々今に及んで会津郷人の胸奥に霊火と閃めく。君は我郷の儀表、君は我儕の理想、欽仰措かざる我等が今此銘碑を彫り、其義勇を萬代に傳へて、人心作興の一助たらしめとするもの、洵に所以なきに非ずである。

『義民乎逆徒乎』著者。恵峰学人　石田傳吉撰文

大正九年五月

海老名俊雄著『会津御蔵入騒動と寛延一揆』には、金井澤村五郎七の「口上書」、および金井澤村百姓連名の「わび状・赦免願」、「大石組名主連名の喜四郎を訴える願書」の下書きが市町村史の編纂の過程で発見された史料として掲載されている。貴重なものだが、いずれも郷頭らの一揆に対する対策として、組内の名主に連名で書かせたものと思われる。果たしてこれらの文書が代官所や江戸の勘定所に出されたかどうかは確認できないが、徒党を組むこと自体謀反とされるので、刑罰を受けないために一揆の彼らとは関係なく、彼らによって我々は騙された、という内容である。

会津寛延一揆と会津藩代官神尾大蔵

寛延一揆の背景と年貢の増加

会津藩内において全藩規模で強訴が起きたのは、「寛延一揆」とも猪苗代の金曲村からはじまったので「金曲騒動」とも呼ばれるこの一揆一件である。以前、この一揆について、海老名俊雄氏が『家世実紀』を読み解かれて書かれた『会津御蔵入騒動と寛延一揆』を拝読し、叙事詩「寛延一揆覚え」を書いた。そのときには見落としていたが、この一揆の前兆ともいえる農民の要求行動が猪苗代、磐梯、塩川などの地域において起きていた。

元文元（一七三六）年十二月、猪苗代川東組荒野村で農民が肝煎吉三郎の不正を郡奉行に訴える事件が発覚した。だが、吉三郎が郷頭を通して藩の御目付役人に賄賂を贈り、再吟味の結果、吉三郎の肝煎役の罷免は取り消されるという一件が起きて、農民は再び町奉行の代官に直訴し、吉三郎らと藩の御目付けが有罪となるという事件が起きている。

元文二（一七三七）年には塩川組下遠田でも肝煎の不正が訴えられている。寛延元（一七四八）年十二月に、塩川組上西連村の百姓官左衛門が肝煎の不正を村の農民とともに摘発し、肝煎に詫び状を書かせ、各村の老百姓《おとな》を糾合して、郷頭の不正を監視する「郷目付役」を設けることを、廻状をもって村々に告知したところ、「民を惑わす極悪な所業」として捕縛され、会津藩によって死罪となった。

　こうした一連の農民の抵抗のその延長線上に、金曲騒動と呼ばれる会津寛延一揆は位置する。その背景にあるのは、会津藩財政の窮乏化にともなう年貢の増加が農民生活の窮乏化をもたらし、手余り地（耕作放棄地）や、年貢の滞納が常態化し、肝煎や郷頭の不正が相次ぐという事態がある。会津藩内においても、その対策に藩の主流派である家老西郷頼母たちは一族の西郷仁右衛門をその特任奉行に当たらせ、年貢の対象となる耕作地の拡大を推進し、三年間で七千三百石の増加を達成し、藩の石高を実質三十万石に引き上げたのである。その功績によって仁右衛門は百石の加増を得ている。しかし、それは農民への過酷な年貢の増高と、その取り立てに郷頭や肝煎は強権的な行動や立て替えによる農地の質入れなどを行い、村において農民との対立関係を起こしていた。


　吉田勇氏の『ふくしまの農民一揆』では、藩内の対立を次のように要約している。

　主流派の家老西郷頼母とともに行動をした郡奉行並河多作は、「民間は緩めた政策をとると、風俗が乱れ、却って困窮する。「内証」（懐具合）が豊かになると自然に奢り「遊惰」になり、耕作や生業に怠りがでる。免率を下げれば、郡役所は「事少」になり、勤めもよくなるが、民間の勢いは現在決して御手当など必要とする状態ではない。このように申し上げると「聚斂《しゅうれん》」（租税を強化する）のように聞こえるが、金吹替え（新貨幣）の後は諸産物は高値になり、民間の内証がよろしい。しかし、数万の農民のなかには困窮者もあろうが、開作作業に精を出して働く者は取り直すので、民事は緩まないように申し付けることである。姑息の憐れみで年貢の取り立てを緩めるのは正道ではない。以下略―」と述べている。

それに対して同じ郡奉行の鈴木庄左衛門は、「近年、作柄が良く地下（農民）は潤う。そこで年々免率を上げてきた。去年の収納は五年以前の寛保元（一七四一）年に比較して米で二万五千俵余、金で五百両余増加した。この取り高が極限である。そして諸作の熟否、村々の強弱を勘案すると、今年からは段々免率を下げる時期である。過去の高率の時期と比較すると、去年の納入高は増額である。今年から免率を段々に下げ、後年に時期を見てまた上げるような差引をすべきである。免率を上げれば田地を所有することを疎み、人々も段々減少するが、去年の春から当春まで百五十名の増加を見た。この勢いを持続するためにも免率を下げる方向で施政に当たるべきだ」。民力休養論とも言うべき農民擁護派の意見である。

この時点では藩の首脳部は是非を決定しなかったが、続いて郡奉行中野藤太夫と町奉行神尾大蔵の意見が出され、藩首脳はそれについての見解を出した。まず中野の主張だが、「領内には手余り地（耕作放棄地）が約一万石余ある。これは困窮して身売りのために潰れた農民の土地で作り手がない。この土地を村全体に割り当て組合（共同耕作）つくりにする。そして公用に出す諸人足を免除してそれに充てる。手余り地ができるのは、郷頭や肝煎が村の現状をよく把握していないからで、そこに施政が必要である。免率も当年は引き下げ、古い年貢の滞納分米八千九百十二俵、金六千四百五十九両二分は、貧苦者の分を用捨てにする。これは寛仁と同時に無理な課税による手余り地の片づけになる。

社倉囲籾は郷倉に十万俵ある。古い籾には腐ったものも出ているので、これ以上貯えても無駄になる。それに社倉金も七千九百七十五両になっている。この十万俵を援助に備えれば残りは九千俵になる。これを窮民の救いに向け、無利子永年年賦貸しにする。備えも大事だが今は救いだ、そうしておけば不時の金銭徴収にも年率の上昇にも農民は応じてくれる」と述べた。

町奉行の神尾大蔵は「不法の者によって道理が通らない状態にある。正道が農民に通り、道理ある民政にしなければならない」と上申した。しかし藩首脳はこれらの意見を無視して中野を罷免し、西郷や並河らの強硬策を推進し、西郷にはその褒美として二十石の家禄を加増したのである。

寛延二(一七四九)年には郡奉行らが年貢半免(収穫量の五割)を願い出たが、西郷らはこれを退け、これまで通りの免率で年貢を賦課したのである。こうした経緯のなかで十二月二十一日、猪苗代川西組三城潟村で貸付米に対して農民の拒否行動が起き、それが発端となって会津藩領内の全域に広がり、会津藩における最大規模の寛延一揆が勃発したのである。

暴発的に起きた一揆

この一揆の動向を見ていると、農民のなかに指導者がいたというよりも、暴発的に発生した強訴的行動をその暴動の理由として確認し、藩への要求として整理し、農民擁護派の立場から要求実現を図ったのは、その強訴の取り締まりにあたった会津藩代官神尾大蔵であることが読み取れるのである。

神尾大蔵はこの一揆のあとに詳細な報告書を書いているが、『家世実紀』は藩の公式な記録として、神尾らの報告書をもとにして記述されたものであろう。後述するが、この強訴は一揆を結んで決行されたものではなく、暴発的に起きている。それを抑えるためとはいえ、彼らに食を与え、藩に対して何を要求しているかを一晩かけてまとめさせて、それを訴状として受け取り、藩役人に伝えることを約束し、それを実現することをもって暴動を収束させている。

以来、私は神尾大蔵について調べていたが、近年になって知人の安達学さんから神尾大蔵の子孫が書いた資料「会津百姓騒動記」のコピーをいただき大変参考になった。神尾は会津藩の代官職の役人だが、その立場から一貫して農民の要求を支持し、その実現に奔走している。その結果、宝暦三（一七五三）年から南山御蔵入の代官として左遷され、直支配の後、宝暦十三（一七六三）年から会津藩預かりになり、再び神尾大蔵は代官として赴任するが、宝暦十四（一七六四）年に領内の地下（百姓）の要求実現（「駆け込み訴え」）に加担した罪で役職を剥奪され、切腹を命じられて没した。

『家世実紀』には、「御蔵入郡奉行神尾大蔵当務之罷免在候、中丸総左衛門一件取計方に相障候付、御役儀御免被成、無役組被仰付」と書かれる。「会津百姓騒動記」については後述する。この強訴の背景と発端、その後の展開を順に見て、神尾大蔵の行動を追ってみよう。

この強訴の背景となったのは前述とかぶるが、享保年間以来、天候不順により水害や不作が続き、農民生活の逼迫が進み、中間管理職である郷頭や名主、肝煎による年貢の立て替えや農家への年貢の貸付が行われた。享保一八（一七三三）年の会津藩の累積借財は一六万八千二百二十五両に達し、藩士より借り上げを実施するという事態に陥っていたのである（『家世実紀・会津年表』）。そうしたなかで迎えた延享元（一七四四）年、作柄が回復したことを理由に、特任奉行の西郷仁右衛門や郡奉行並河多作らは年貢の引き上げを提案した。これに対して前述したように、同じ郡奉行の鈴木庄左衛門、有賀孫大夫、中野藤太夫らは免相（年貢の賦課率）を引き下げ、農民生活の安定化をはかるべきだと主張して対立した。

西郷仁左衛門らは横山主税らを巻き込み、免相の引き上げと夫食米の貸付利率の引き上げを図り、年貢の増収をもって藩財政の再建を図ろうとした。彼らは農民生活の困窮化は農民が農業生産に集中せず、手余り地（耕作放棄地）や年貢の滞納を名主や肝煎に立て替えさせている租税意識の低下、遊興費の増加などが主たる要因であると主張した。一方、中野らは新規免相の撤回、定免への引き下げ、手余り地の管理権の郡役所への移行、社倉米の貸付金利の引き下げなどを図り、農民生活の安定化を基礎に藩全体の生産力のマイナスからプラスに転化することの必要性を主張した。双方はそれぞれ「存寄《ぞんじよ》り」（建議書）として藩主に提出している。

そうしたさなか、神尾大蔵は町奉行の立場から延享三（一七四六）年一月に藩の政策に対する提言として「産子養育ついて」の意見書を提出している。その内容は、藩内において生活困窮のために、間引きや水子流しとして産子に対する虐殺が風習化していることを阻止し、それに対する法規制と同時にその原因である農民生活の貧窮化の回復と安定化、産子養育に対する政策を求めるものであった。

それは結果として中野らの農民擁護派と軌を一にしていた。その翌年の延享四（一七四七）年七月、中野藤太夫はそれまでの主張を整理して「農民安治策」を具申する。それを見た藩主の容貞《かたさだ》から「免相を下げるべし」と仰出しがあったが、並河や西郷らはそれを無視。かえって中野の奉行罷免を押し切って、前述したとおり免相の引き上げを実行したのである。

海老名氏の『寛延一揆』が『家世実紀』から引いている記録によると、延享二（一七四五）年の年貢古未進臨時貸付金（滞納年貢の決済に貸し付けた金の年賦償還額）の農民からの取り立て六万三千百俵、金六十両と記録されている。これは享保十四（一七二九）年に比較すると二倍になっている。農民はいくら働いてもこうした年貢立て替えの借入金の支払いのために、また借金をするという悪循環のなかに陥っていたのである。並河や西郷、それに横山らの主流派の奉行たちはその貸付金の利息の運用で利益を得ていたので、病弱だった藩主の仰出しをも無視したのである。

こうした政策の結果、藩内には「上ヶ田地」が拡大した。「上ヶ田」とは耕作放棄地のことで、農民に土地の所有権はなく、土地は藩からの借り物であるから、潰れ農家が出れば、その村や組内で耕作者を決めて耕作してきたが、耕作面積を増やせば年貢滞納が増加し、貸付金による支払いが増えるので、村でもそれを避けるためにその土地を藩に返納する願いが各地で続発するという事態にたち至っていたのである。海老名俊雄著『会津御蔵入騒動と寛延一揆』からの孫引きだが、延享四（一七四七）年に中野と並河の両者の「存寄り」を見てみよう。

農民擁護派の中野は

一、本途夫食米が、近年は社倉米になっているが元に戻すこと。

二、諸役所からの割物は直接地下へ申し付けるのではなく、郡役所を通すこと。

三、無跡百姓の古貸金を捨て金にすること。

一については、不作のために藩が飯米に事欠く百姓に貸し与えている夫食米は、本来無利子返還であったが、それを社倉米同様に利子をとって運用されている。これを本来の救済目的に戻して無利子貸付が返済不能の場合は、給付に戻すことを要請している。二は、地下（百姓）の実態を把握しているのは郡役所であるから、割物（諸負担金）は郡役所を通すこと、彼は郡奉行であることから四郡の郡奉行の総意をもって要請している。三は、無跡百姓（後継者のいない潰れ農家）の古い年貢や割物の滞納は捨て金（棄損）を要望している。

それに対して並河の「存寄り」の大意は、

一、中野が指摘する問題は、制度に問題があるのではなく、郷頭や肝煎に私曲（不正）を行うものがいるからである。

二、郷頭、肝煎らが地下（百姓）の生活、質素を旨とする日常生活に対する教誡（指導、監督）を怠っていることが原因で、諸拝借（借金）や手余り地（耕作放棄地）が出るのである。

三、従って、地下（百姓）に対しては、厳しく取り締まることによって窮状を打開すべできである。

というものであった。

会津藩においては、この異なる二つの「存寄り」をめぐって対立となり、その立ち合いを命ぜられた御目付役高木助三郎は、寛延元（一七四八）年七月に立ち合い調査の結果として、「穀物を食せず、種々よろしからざる糧《かて》様の物ばかり食事にいたし候ては、終には民の命に障る」「夫食米の貸付の審査には日数をかけず、昨年同様に貸せば民心も安定して農業に励むことができるだろう」と報告し、「地下困窮の対策として、夫食米の早急な実施を」と進言している。しかし、高木も藩財政の現況から並河や西郷仁左衛門らの主流派に押し切られていったのである。

一揆の発端と拡大

寛延二（一七四九）年十二月二十一日、猪苗代三城潟村肝煎新次郎の家に三城潟村の蔵下十三ヵ村の肝煎らが集められて、当年度の会津藩からの貸米が決定される日であった。藩からは郡役所物書き（書記官）後藤理右衛門、御徒目付中士井孫右衛門、それに川西組郷頭代忠左衛門の三名が来て、貸付米の村ごとの数量とその返済にあたっては、村ごとに地下全員の連帯で責任を持つことの誓約書を、集まった肝煎各人が署名捺印をもって誓約することを求めた。

その貸付規定の末書に次のように書かれていた。

「この度、無利息で御貸米をお願いできた。手余り地並びにその高役（年貢）、人馬についても願い通りにご配慮をいただいたので、有難くお借りしたところである。右の貸米数量は来年暮れには滞りなく上納（返済）すること。連判を押したなかで上納できない者があるときは、残った者で弁済すること、来年になって飯米が不足するから、またお願いしたいなどとは言わないこと」

忠左衛門が「末書」を読み終わったとき、烏帽子小屋村の老百姓《おとな》彦右衛門が「この貸し米を借りて、その上納ができなければ、来年は借りられないということだが、全量を上納することになれば、飯米どころか種子もなくなる。それではこの先とても百姓を続けてゆくことはできない。今年潰れるのも来年潰れるも同じことなので、私の村はこの貸米は借りないことにする」と発言し、他の肝煎たちもそれに同調した。そして、「貸米の上納（返済）を永年賦にしていただきたい」と懇願した。しかし、役人の後藤理右衛門は「それはわれわれの権限のおよぶことではないので、御代官様に」と答え、結論が出ないなかで打ち切り、次の予定地である西館村に役人たちは移っていった。これが寛延一揆の発端である。

次の西館村でも同様の意見が出て、永年賦がだめならば、「来年暮れに上納できなければ、貸米は借りられないという末書の削除をしていただきたい」と懇願したが「それは代官様に」と聞き入れられず、そこでも貸米拒否が起きた。次の金曲村でも同様で、肝煎の五右衛門が「せっかくのお情け、本当に借りなくていいのか」と念を押すが、「心得候」などと借りる気配はなく、騒然となるなかで藩役人は帰っていった。

その夜、七つ半（午後五時半）頃になって、山潟村の老百姓林右衛門が「藩の貸米を借りるには、末書の年の暮れに全量返済は不可能なので、そのことの変更をお願いするしかないが、それは代官様に言えというのでは、代官様にお願いに行くしかない」というと、「そうだ」「そうだみんなでお城に行こう」ということになり、山潟村の百姓六十八名が若松に向かって歩き出したのである。

最初の宮下村で「何事か」と聞かれ訳を話すと、それはわれわれも同感だからと村人を呼び集めて加わり、道すがらの村々の百姓もそれに加わり、百名を超す隊列に膨れ上がった。

まさに暴動的な行動になり、先動隊がゆく先々の村で参加を呼びかけ、なかには「参加をしないなら焼き討ちだ」などと恫喝する者もいて、不穏な状態の群衆が数百名の隊列で夜になって猪苗代に到着した。富裕な商家や酒屋などで酒食を提供させ、それに抵抗する者には「火をつけるぞ」などと恐喝した。知らせを受けた猪苗代代官佐藤半平太が金曲村に向かうが、群勢はすでにそこにはなく、急いで猪苗代に戻るが騒然として手の施しようもなく夜が明け、群勢は大寺村（磐梯町）に着いて、朝食をとった。

そこで初めて林右衛門は強訴として各村の代表者と話し合い、偶発的な行動でここまで来たが、ここからは強訴一揆として統率ある行動を確認する。そこで問題となったのは、このまま若松の城に向かってゆくのか、それともさらに群勢を増やすためにも若松ではなく北に向かってゆくべきかを議論し、「北方に回らずして、本望にこれなし」として、さらに落合村、入倉村、西連村へと進んで、食糧の調達と「追い立て」（参加の強要）をしながら塩川方面に向かい、さらに熊倉、小荒井、小田付（喜多方）方面へと広がっていた。群勢は千名に上り、それを林右衛門は数組に分けて、周辺の村々に「追い立て」をかけたのである。

この群衆が北へ向かった理由は、群勢を増やすということもあったが、当時、会津藩内の農民擁護派と言われた奉行や代官らの多くは、喜多方周辺を起点にして農村のなかに浸透していた心学（藤樹学）の影響を受けていて、世襲藩士の藩政の私物化が横行する藩政の改革の必要を感じていたことも、挙げなければならない。それが最も鮮明になったのが藩の農業政策、つまりは藩財政の健全化であったのである。

十二月二十四日には、一揆の群勢は塩川に入った。すでに千数百名から二千名に膨れ上がっていた。会津藩でもこの群勢が城下町に入ったら内乱状態になる。それは藩の存亡に繋がる。何としても、塩川で群勢を足止めして終息させたいということで、塩川組郷頭栗村佐平と代官中野大次郎にその旨を伝えた。二人は群勢に、

「願いの筋は仔細われわれが聞き届け、それを皆に代わって御上様に幾重にもお願いする。その間、われわれがお城から帰るまで待っていてくれないか。その間の賄いはわれわれが用意する」と林右衛門らに頼む。代表らはその要請に応えようとするが、群勢はもはやそうした統率がきく状態ではなく、熊倉村から小荒井、小田付、慶徳村と進み、二十四日の夕刻には、塩川橋を渡って若松の七日町口の方に向かいつつあった。

それとは別に、藩内においては二十二日の三城潟での伝達が不調に終わり、その理由として地下か

ら「貸米の末書の修正と上納の永年賦」の願いであることを、伝達役人の後藤理右衛門から藩の米見同心会田類右衛門を通して代官佐藤半平太に伝えられ、佐藤は御上様に指示を仰ぎ、「御貸米の永年賦を申し付ける」との仰せ付けを廻状にしたためて廻したが、その時はすでに強訴は動き出していて、伝わらなかった、と『家世実紀』には書かれる。十二月二十三日の朝、藩はその動きを知り、その対策に騒然とする様子が『家世実紀』には書かれている。

この騒動を二十三日の午前中に川西組揚達沢の佐賀平左衛門が郡役所に出頭してその様子を伝え、続いては土津神社の神官西東蔵人から町奉行の神尾大蔵に書状が届けられた。昼頃に塩川代官中野大次郎から西郷仁左衛門に騒動の動向の報告書が飛脚によって届けられた。それは横山主税、井深小隼人、一ノ瀬監物らの奉行に報告され、即刻、家老、奉行、御側御用人、大目付が集まり、対策会議が開かれている。

月番家老の高橋外記と四名の大目付はまず何よりも「百姓共の騒動を差し止めこと」という下知に従い、代官らは配下を連れて取り締まりに向かった。高橋は評議の議題として次の二点をかけた。

一、百姓に願いの筋（要求）があるなら、それを聴き、取り次ぐこと。

二、大勢で城下に入るようであれば、まずは御上を憚《はばか》らざるやり方は百姓のためにならないことを諭し、村に帰るように計らうこと。

そして、それでも町に入るようであれば、鉄砲隊を配置して侵入を防ぐようにと下知し、七日町口の入口に倉沢平次右衛門と伊那七郎右衛門を配置した。その時、町奉行神尾大蔵は、彼らを武力で抑えるというなら配下の同心三十名程度では無理なので、その前に私が百姓のところに出向いて彼らの願いの筋を聞いてそれを取り次ぎ、その沙汰を町の外で待つようにしたいと進言している。

そして二千名からの百姓を鎮圧するのには武力をもってしては騒乱になってしまうので、あくまで説得によってここは納めるべきだと進言し、そのための百姓共が待つ間の酒食の用意をしたいとも申し出ている。御側用人の伊東清左衛門も鉄砲で二〜三十名を撃ち殺して治めても、御公儀（幕府）からの指摘は免れないので武力鎮圧には反対であると述べ、結論として高橋外記は神尾大蔵に「このうえはその方に相任せるので、よろしく取り計らえ」と下知したことが記録されている。

神尾大蔵の説得工作

神尾大蔵は直ちに塩川組の郷頭栗村佐平に連絡を取り栗村が動くが、群勢は喜多方に向かって動き出した。そのなかの一つである猪苗代新町の市三郎が率いる集団に賄いを提供しながら、何が騒動の理由なのかを尋ね、先ず代表者らが集まって「願いの筋」をまとめてそれを書き付けにしてくれ、それを上様に必ず取り次ぐからと諭した。市三郎は「願いの筋はわれわれも、われわれの郷頭も持っている。他の組の郷頭も持っているが、それを願い出ていいのか」と栗村に問い、栗村は「必ず御上に取り次ぐ」と約束して、猪苗代、塩川両組の総意として七ヵ条の「願いの趣」が書付となって明確化されたのである。その内容は

一、郡奉行西郷仁左衛門を下されたき由。
二、郡奉行並河多作下さたき由。（下されたきとは、奉行役の罷免の要求）
三、御収納（年貢）を半免（収穫高の半分、定免の比率に戻す）に下されたき由。
四、金方人あるいは居中間の儀（藩と地下の中間にいて、中間搾取をしている者）をなくし、百姓の負担経費を減額の由。
五、小役（年貢以外の負担金）の取り立ては十月末にいたしき由。
六、三夫食（三度の飯）当年はお貸しいただきたき由。
七、御貸米の上納（返済）は十年年賦に願いたき由。

以上の七ヵ条が「願いの筋」として確認されて、御上様への訴状として栗村は取り継ぐことを約束する。しかし、興奮状態の群勢は、藩役人の説得も効果なく若松方面に向かって動き出していた。『農騒遺事』は、役人の必死の説得に群勢は「そこもとには頼まない」と言ったので、役人は槍に手をかけたと書くが、事実は猪苗代の目明し市兵衛なる者が止めようとして一揆勢に叩かれ、ますます一揆勢が勢いづいて、その日の七つ半（午後五時頃）には笈川組の佐の目付近まで押し寄せたと『家世実紀』には書かれる。このままでは夜半には城下町に入ると報告され、町奉行神尾大蔵は今彼らに会って、進軍を止めなければならないと、立ち上がった。

同時に神尾は猪苗代の川東、川西の百姓の町宿となっている中六日町の利八に、その組の頭取に町奉行の神尾大蔵が利八との縁をもって、直々に会って「願いの筋」を奉行に伝えて叶えるように計らうので、その場で待つように指示していた。そこへ御徒目付の佐藤番之丞と中上井孫右衛門が駆けつけ、「まもなく町奉行の神尾大蔵様が直々に、この度願いの趣を承り、上様に取り次ぐので、畏《かしこ》まって待つように」と下知し、一揆勢もそれを了承して待っているところに、取り方を引き連れて神尾大蔵は馬に乗って現れ、馬上から「いかような願いでかくも大勢が罷り出候哉、願い筋はいかなることに候哉、書き付けなどを所持いたし候哉」と大声で尋ねた。一瞬、沈黙があって、宵闇の中から「書き付けなどは是無き候、われわれは当年の不作で給物も一切これなく、飢えに及んでいる。来年になれば上げ田（作り手のない田）は認めない、また年貢の軽減も認めないと言われた。御貸米、夫食米も年貢に上乗せて上納となれば、来年の食い物はなくなる。どうしたらよいか御了簡（方法）を示してほしい」と声が響いた。続いて「百姓に対するやり方は、西郷仁左衛門と並河多作が仮郡奉行と郡奉行になってから、一層ひどくなった。二人をいただき、打ち殺して吸い物にでもしてやりたい」などと叫ぶと、「そうだ」「そうだ」という声とともに一斉に歓声が闇の中から沸き上がった。

　神尾は「怒鳴らなくてもいい。またどこの村とか名前は名乗らなくていい。傍に来て静かに「願いの筋」を言ってくれ」と諭した。

「年貢の半免を仰せつけ下さりたい」

「近年になって小割物（年貢以外の負担金）が夥《おびただ》しく増えている。そのうえ雑穀改め（調査）といって、駒奉行（馬に乗る上級奉行）の物書き（書紀役・配下）どもが、多くの金子を盗みとっている（中間搾取)。これらをやめさせてもらいたい」

「中野藤太夫、横田先次郎様を世に出していただきたい(農民擁護派の元郡奉行、藩の農民対策で西郷、並河らによって罷免されている)」

などと、次々と声をあげた。

神尾はそれを聴き「申すところの趣はわかった。早速城に戻って趣の一つ一つを御上に申し上げる。まずは空腹であろうからここで食事をとってくれ、食事は用意してある。それを食して近くの村々で宿をとるようにせよ」というと、一揆勢は「それは有難いことだが、これほどの大勢となると宿はない。といって野宿はこれ以上続けられないので、かようなお慈悲をいただいては、ここで荒廻り(村々を追い立てで回るデモ)を止めて村に帰りたいが、村には食うものもない。町内に宿はとれないか、それと差し当たって来年二月までの御扶持(生活費)を面倒見てもらいないか」

と申し立てた。

神尾は「町内に入るのは、今はできない。町の入口には鉄砲隊が待ち受けている。そうした犠牲は避けなければならない」と制した。

その時、物見の使者(神尾が偵察のために出していた足軽)が神尾に、城下の柳原にすぐに向かうよう伝える。神尾が向かうと、そこでも「年貢を定免に戻して欲しい。そのうち八斗分は金納にしてほしい」「大川普請の人足が急激に増やされた。増やさないで欲しい」など居中間のこと、御貸米の永年賦のこと等々、内容的には先の一揆組の「願いの趣」とほぼ同じことが縷々《るる》要求された。神尾はここでも食事の提供を約束して引き上げた、と『家世実記』には事細かに書いてある。『農騒遺事』『賤民訴政集』とは内容的には異なるところもあるが、農民要求のところは一致している。

「年貢半免」の約束

神尾はその取り次ぎを約束して、翌二十五日の八つ半（午前三時頃）に会津藩の重役に伝え、早朝から月番奉行高橋外記によって「百姓願いの趣」を議題に評議が開始された。その結果、次の三点が議決された。

一、夫食米の当年の貸付は願いに任す。
二、西郷甚右ヱ門、並河多作は郡奉行をはずす。
三、その他の事は、なお吟味の上、追って下知する。

町奉行神尾大蔵はそのことを大目付山崎三右衛門とともに、御目付下役、物書き、神尾配下の夜回り同心などを引き連れて、一揆勢がたむろして待っている七日町口の出外れに向かった。一揆の群集はすでに数千名から一万名に達し、四屋の小路から阿弥陀寺まで立錐《りっすい》の余地なく集まっていた。神尾大蔵は馬上から「願いの趣」は上様に取り次いだ。その結果、次のような沙汰があった。静かにしてよく聞いてくれ」と前置きして三ヵ条を伝えた。群衆は一瞬静かになったが、すぐに「有難い。だが役人二名を二度とその役には付けないという保証が欲しい。書き付けにして渡してくれまいか」と誰かが言い、「そうだ」という声が飛んだ。

神尾は「その方どもの口上での願いであろう。書き付けとなればすぐにというわけにはまいらない」と諭すと、誰かが「並河多作はここ数年、不作続きで困っている百姓に、不作引き（収穫高の減額）を認めず、夫食米のお救いをお願いしたところ、西郷仁右衛門は貸米証文に、この先はお願いしないと書かせた。百姓は年貢も払えず貸米の上納（返済）もできず、家族ともども餓死するしかない。二人を百姓どもに下されたい」と口々に申し立てた。さらに「年貢半免はどうなった。それを聞かなければ立ち退きはできない」という申し出に、神尾は「そのこともしかと取り次いである。吟味のうえ追って願いの儀に任されるであろう」と説得した。

やりとりが続いたが、百姓の「願いの筋」の中心は「年貢半免」であることが明らかになった。「年貢半免」とは、定免（収穫量の五割）ではなく、現行の六割近い年貢率を半分、つまり三割台にしてくれ、ということであることも明らかになり、神尾らは三時間に及ぶ対話を中止し、「年貢半免」の藩の回答を求めて城に帰った。

神尾は藩重役たちに「半免の儀、願いにまかされず候ては、百姓ども、退散致す間敷哉、然れどもこの段は、至々極重の儀に候間、厚くご評議之有るべき儀につき、御上様の仰せを」と進言した。家老や奉行たちは藩主への御言上は、そこもとなどと、なりすりあう様子も『家世実紀』には書かれる。

そうしているうちに、七日町口で群衆が町に入ろうとして、鉄砲隊が発砲するという事態が起きた。

城内にその報告が届いて、評議会は「この如く民情逆立っては取り鎮めようこれなく、危急の期に候間、この上は半免に申し付け候ほかあるまじき」と決議し、「この段御内聞におよび」、つまり、これは幕府に聞こえてはまずいことだが、「藩主の百姓共へのご慈悲である」と下知したのである。

一揆の群勢と十二ヵ条の要求書

翌二十七日未明、そのことは郡奉行有賀孫大夫と片桐八左衛門によって、神尾大蔵に伝えられ、さっそく神尾は七日町口に向かった。待っていた群衆に「年貢は半免の儀、願いの通りに任され候」と馬上から大音声で下知したのである。ここでも群衆は「一統疑心致し候や、得心の体これ無く、強いて書き付けを相願いたし」と要求したので、神尾は物書きに命じ、一組一枚「当年より半免に致し候」と書いて渡した。それをもって一揆の群勢は退散を始めた。

すでに一揆は各村々に広がり、全藩一揆の形成となり、一揆の参加者は万に及んでいた。また、城からの遠隔地においては、暴動化した群衆による郷頭や肝煎に対する打ち壊しなども行われていた。この一揆については『家世実紀』の他に、『猪苗代一揆始末届書』『会騒乱記』『賤民訴政集』『万覚日記』などに記録されているが、神尾の報告にもとづいて書かれたといわれる『家世実紀』がもっとも詳細を極め、藩役人の狼狽ぶりが書かれている。その他は、この年貢半免のお墨付きを得るには、一揆に参加しなければ貰えないという風聞が流れ、どの村でも十数名からなる代表を一揆に参加させて、二十七日には遠くは山三郷と呼ばれる越後境の野沢村の方からも馳せ参じている。その数およそ三万名から五万名にも達し、まさに会津藩の藩政時代最大の一揆に発展したのである。

『万覚日記』は高田組郷頭田中重義が書いたものだが、「高田組百姓共御城下に相詰、川原町橋本にて半免之書付、高田村上町老百姓市弥と申す者、受け取り候」と記載されている。

この決定は会津藩全域に適用されるもので、郡奉行から郷頭を経て村々の肝煎に下知されたが、二十七日が過ぎてもその余波は残り、小規模だが暴徒と化した一部の者が城下に入り、鉄砲隊によって狙撃されている。その有様などが『会騒乱記』に記録されている。

『家世実紀』には、百姓の「願いの趣」を藩役人の計らいと藩主の御慈悲によって善政が敷かれた、と書かれるが、史実としては僅か三日間のうちに数千から万に広がった一揆の群勢に恐れをなしての譲歩であったのである。数万名に及んだ一揆の群勢は当時の会津藩の人口十五万人のおよそ三分の一の百姓が立ち上がったのである。五日間にわたったこの一揆で、城下町に入ろうとした数名の百姓が鉄砲隊によって撃ち殺されているが、神尾大蔵らの百姓擁護の立場からのとりなしで、結果としては農民要求のほぼ実現という結果で一揆は終息したのである。

この一揆の経験から次のように末端の村役人である肝煎に対して、村人の総意として十二ヵ条の要求書を提出して、同意させている。これなどは村における民主化要求ともいえるもので、その背景に会津藤樹学の思想を感じざるを得ない。

熊倉組下高額村においては一揆の後、長勝寺で寄り合いを開き、肝煎に対する要求をまとめ、「一村相談之上差出申候、一札之件」を肝煎清左衛門に渡し、その承諾を要求している。

一、諸役人衆の賄い入用（経費）は、今後百姓には割り掛けないこと。

二、筆墨紙（藩からの調査などにかかる費用）の儀、割り付けないこと。

三、町登り、そのほか何方へ参り候とも、諸人足は村から召し連れないこと。

四、御取立ての帳面は何時でも百姓に開示（公開）すること。

といった内容だが、それを肝煎に承諾させている。

幕府の号令と大弾圧

「当年からの半免」を約束した会津藩は、すぐにそれに取り組まなければならなくなった。社倉米として籾《もみ》で所持していたものを夫食米として十年賦で百姓に渡し、またすでに現行の免相で納めている組へは、過納金の返還が必要になった。その額米十八万八千俵、金子七千五百両となり、藩内での財政問題となった。また暴動が起きてはと、急場しのぎで実行したが、その時、すでに息を潜めていた主流派から、巻き返しが始められたのである。主流派の息のかかった肝煎らに、「半免御用捨てには及ばず、上納致したし」「今まで通りの年貢を上納したい」といった願書が、複数にわたって出されてきたのである。それに対して藩は「これは藩主容貞様の御仁政が役人がよくないために下に届かなかったと聞いて、御領内の皆を救う一心から深く考えられてとられた処置である。有難く頂戴して飢えや寒さをしのぎ、老小妻子を育み、子孫相計らい仕事に専念するように」と諭して、肝煎らの願書を返した、と『家世実紀』には書かれているが、その後の経過を見ると、それが事実かどうかは判らない。

二月に入って御公儀（幕府）老中から達示がくる（寛延三年令）。各地で百姓騒動が頻発したために、その禁止令を幕府が各藩に通達したものである。

「御料所国々百姓共、御取箇并夫食・種貸等其外願筋之儀付、強訴、徒党候儀は堅く停止に候処、近年御料所之内にも右体之願筋に付、御代官陣屋え大勢相集訴訟致し候儀も有之、不届至極に候、自今以後、厳敷吟味之上、重き罪料に可被行候条、御代官支配限、百姓共兼々急度申付置候様、御代官え可被申渡候」

現代文にするなら次のようになる。

「年貢御取箇（年貢を取ること）或いは夫食種子貸等の強訴が、近来間々あると聞くが、都而（すべて）強訴徒党又は逃散は堅く停止のところ不届至極である。自今以後このようなことがあれば、急度吟味（すぐに調査）を遂げ、頭取並びに差し続き事を企んだ者は、それぞれ急度曲事《くせごと》（けしからぬこと）に申しつくべし」

これによって年貢半免は反古となる。

だが、会津藩としては郷頭や代官神尾らの「存寄り」(意見書)によって、貧民についてのみ年貢半免を認め、さらに手当(生活費)を支給し、一般の百姓に対しては免相(税率)の五分下げの定免にする、こととしたのである。

このような措置をとった背景には、享保十九(一七三四)年から三年間は定免(収穫量の五割)であったが、その後年々引き上げ、延享元(一七四四)年には五四・四二割にまで引き上げられていた。これに対して中野藤太夫や有賀孫大夫、鈴木庄左衛門らは、百姓の困窮度は限界にきている。免相を引き下げて民力を高めるべきと反対したが、横山主税や並河多作、西郷仁左衛門らはそれを押し切ってきた。

『家世実紀』によると、中野は藩財政の確立のためには、手余り地(耕作放棄地)と上げ田(耕作者がいなくなって幕府に返上した田)は、年貢の比率を下げて耕作をさせ、また年貢滞納の過年度分については棄損して、生活再建ができるようにすべきであることを藩主に建議している。藩主容貞はそれをもとに「不作に就き免下げしかるべし」といっているのに、横山らの一派は「さほどの不作とは見えず」とそれを無視し、百姓が困窮しているのは「彼らの生活態度に問題があるからだ」と増税を強行したのであった。それに対する百姓の怒りは臨界点に達しての全藩一揆であったが、それに対して幕府の「寛延三年令」をもとに、会津藩は一揆勢との約束の一部の容認を除いて反古にし、同時に一揆の頭取的関係者の捜索を開始し、確たる証拠がなくても他者の証言で逮捕、投獄し、獄舎を増築するほどの大量の農民を投獄して大弾圧に向かうのである。

その時、神尾大蔵は幕府からの預かり地、南山御蔵入領に代官としてではあるが左遷されて、その埒外《らちがい》に置かれているのである。

藩内権力争いの構図

この一揆の経過を見るに、強訴の形態にはなったが、南山御蔵入騒動のように頭取が周到に準備して始まったものではなかった。むしろそれゆえの暴動性が伴ってはいたが、『家世実紀』には神尾大蔵が報告するように、「御城下に来た百姓共は、蓑笠《みのかさ》を着、相応の風体で飛び道具は勿論、大小の刀の類持った者は一切これなく、三尺程の鳶口、小ぶりの鎌などを持つ者は百人中三人から五人位、その他三尺ばかりの杖のような物を持った者が間々見受けた。—中略—、町中に狼藉はなく、且所々に於いて百姓に対した折、願いのためにだけ出てきたのか、その他の趣意があってかと尋ねたところ、願い一通りで御上を恨み奉ることは一切これなしと一同が申した」と、集団ではあるが、後方的な訴願行動であったのである。

しかし、寛延三（一七五〇）年の一月から会津藩は公事奉行柳田市右衛門にその対策を指示し、二月に一揆の首謀者の特定と、その断罪についての方針を大目付に具申している。情報が洩れては逃亡の恐れがあるので、まず猪苗代周辺の番所に人を配置して固め、この一揆に役人を先年に罷免された者などがかかわっていないかを確認している。

そして二月三日、木本左太夫らの物頭四名に鉄砲隊八十名、小頭、足軽八十四名、佐藤半平太、日向藤馬、笹原与五平の三名の代官、棒持ち足軽三十三名、捕り方同心四十名、さらに御目付、御徒目付、公事物書きなど総勢二百五十二名の態勢で、午後四時に若松を出発して猪苗代に向かったのである。そして四日から六日にかけて逮捕予定者を召し捕ったが若松の牢に入りきれず、前述したように牢屋の増築が行われた、と記されている。

三月十三日から穿鑿《せんさく》（取り調べ）が行われ、その結果が書き残されているが、「このように村々から大勢の者が参加したのは、追い立てと火をつけるなどの脅迫によるもので、これは隣国の二本松の強訴を真似たものである」とされ、これに対し家老西郷頼母は七点について意見を述べているが、それは次のような趣旨である。

一、首謀者として名前の挙がっている六人の他に、原方面も調べるべき。
二、舟引村（山都町）の小助が、貸し米は中野藤太夫は八万俵と言い、西郷仁左衛門と並河多助は三万俵と言ったということを、横山伝太夫の中間仁蔵から聞いたと言っているが、ここにこの強訴の原因があるのではないか、小助を究明すべし。
三、仁左衛門と多作をもらいたい（農民に渡せ）とは誰が言ったのか。
四、中野藤太夫の復帰はだれが言ったのか、ここに強訴の基本があるかもしれない。公事奉行の料箇を聞きたい。

五、貸米に上げ田の条件（貸米を受ける者は、作れない農地を藩に返すのは許さない）を「御意」（藩主の命令）と言ったのは誰か。

六、神尾大蔵が百姓とりなしに利八（中六日町の宿屋の主人）を使い、二両の骨折り料を払ったとはどういうことか。

七、百姓の「願いの趣」に横田先次郎を世に出せ（役に就けろ）と言ったというが、その趣意は何か。

これに対して公事奉行らは「貸米の総量の違いなど、どこから漏れたのか、それが強訴の原因だとは誰も言っていない」などと反論している。

ここで浮かび上がってくるのは、当時の会津藩内の権力争いの構図である。家老の西郷頼母は、この強訴の背景に権力争いの策略を睨《にら》んでいる。この騒動によって、西郷頼母を頂点とする横山主税、西郷仁右衛門、並河多作らの増税推進派と、武川源助や中野藤太夫、神尾大蔵らの農民生活擁護派の対立が顕在化していて、増税推進派の失脚を狙った陰謀ではないかという視点で出されているのが前述の七つの意見である。

『家世実紀』には、藩主容貞が捜査の報告を求め、その問答が記載されているが、藩主の大意は「この度の強訴の帳本人は容赦できないが、追い立てで加わった者には酌量もあるのではないか。仁左衛門は郷頭全員に下命すべきものを、私宅に十名を呼んで伝えたのか。下ばかりを責めることではない。

郡奉行がよくなかったのをそのままにしておくべきではない。それを究明しないのは何故か」といったことであった。この後、藩主容貞は三月二十六日に参勤交代のために江戸に向かい、そのまま九月二十七日に亡くなってしまい、会津に戻ることはなかったのである。享年二十七であった。

打ち首獄門など処刑者二一八名

藩主は九歳の容頌に襲封され、主流派を軸に藩の体制固めが進められる。農民擁護派の奉行らの罷免や左遷と同時に、幕府の「寛延三年令」を根拠に、藩主容貞の死による特赦を全面撤回して、農民に見せしめのための処刑を決定する。寛延二(一七四九)年に発生した猪苗代騒動一件の残酷非情の罪状とその処刑者は次の通りである。

老百姓　林右衛門、川東組山潟村、市中三日晒しのうえ山潟村で磔《はりつけ》
老百姓　文右衛門、川東組山潟村、市中三日晒しのうえ山潟村で磔
百　姓　弥七　　　川東組壺下村、市中三日晒しのうえ壺下村で磔
百　姓　半右衛門、川東組金曲村、市中三日晒しのうえ刑場で火炙り
百　姓　喜八　　　川東組小平潟村、すでに鉄砲で打たれて葬られている屍を掘り起こして小平潟村で磔

百　姓　彦六、　　川東組山潟村、市中三日晒しのうえ打ち首獄門

百　姓　助左衛門、慶徳組赤星村、再審の結果、打首獄門、額に入れ墨、市中三日晒し永久追放

町　屋　伊三郎、　塩川組、上西連村端郷、市中三日晒しのうえ打首獄門

老百姓　彦右衛門、川西組、烏帽子小屋村、再審の結果、打首が他国への永代追放に減刑される

清吉、川西組酸河野村、市中に三日晒しのうえ打ち首

公事奉行の審理と求刑に対して、江戸詰め家老武川源助と大目付の山崎三右衛門が存寄り（意見）を述べて、減刑が行われている。

その他、顔に入れ墨のうえ市中引き回し六名、城下お構いの者二名、他国への永久追放八名、百日入牢一名、五十日入牢六名、三十日入牢三名、二十日入牢五名、十日入牢八名、十日押し込め二十九名、十日逼迫の者一名、死罪を含めて総数二百十八名が罪に処せられたのである。

この罪状の物証は何もなく、風聞をもとにした推測と、捕えた者や首謀者と目された者を拷問にかけて、自白をしたとして認定したものである。すべては「強訴の一件重罪の者、後を絶つために在所（その者が住んでいた村）において刑法に従って行うのが良い。とりわけ半右衛門の火をつけるという発言は不敬悪言である。極重罪の者であるから、地下（百姓）一同にみせしめとして川原（藩の処刑場）において、火刑が行われるのが相当である」と書かれるように、抗うものはこうなるという恐怖を百姓に見せるための処罰であった。そして重罪に処せられた者の私財産は全部取りあげて、闕所《けつしょ》

（没収）としたのである。

この強訴の原因は、すでに述べた通り会津藩の百姓に対する過酷な政策にある。年貢の引き上げが毎年のように行われて、百姓は田畑を諸般の理由から耕作ができないとして、田畑の藩への返上が続発していた。それに対して藩内には、農民の生活再建を基本とする財政の再建策を主張する中野藤太夫らの農民擁護派と、田畑の返上などを許さないとする増税強硬派とでもいうべき横山主税や並河多作などのグループがあり、家老西郷頼母は自分の弟の仁右衛門を特命奉行に任命して強行したことであることは自明だが、そのところもまた『家世実紀』には記録されている。（原文は漢文だが意訳して掲載）

「郷頭から「今年の不作は昨年に比べ石数で一万一千石減っている。この続いている不作によって、地下は作徳を失い、甚だ迷惑に及んでいる。よって今年の春より臨時に貸して来た社倉米は四万六千俵余に達している。これを暮れに取り立てれば、その分また来春には貸付なければならなくなる。だからこの分を今年の暮れにお貸しいただければ、千俵でも二千俵でも、地下には手当としての効果があり、それによって年貢の年内上納も上げ田も減ることとなる」との申し出を受け、実行されたのだが、それと引き換えに西郷仁右衛門や並河らは諸人足を強制した。さらに郷頭が飯米として要望した五万俵を三万六千俵に削減して、その承諾書を郷頭らに書かせたのである。それに異を唱えた中野藤太夫を罷免し、彼らの政策を強行したのである。

彼らもその騒動の責任が問われて当然で、寛延四（一七五一）年（この年の十月から年号が宝暦になる）その詮議が行われたが、大幅な減刑であった。西郷仁右衛門は奉行から小普請役への降格と五十日の閉門、並河多作も奉行から小普請役への降格、高木助三郎も小普請役への降格、本郷杢之助代は官職の召し上げ（無役）、中野藤太夫は十日の遠慮、といずれも降格と数十日の閉門といったものであった。

大石組郷頭、藩を恫喝する

この一揆に町奉行として、その制圧というよりは彼らの要求を「願いの趣」としてまとめさせ、それを藩の上層部につないで、その実現に奔走した農民生活擁護派の一人神尾大蔵房親は、一連の藩役人の処罰には出てこない。家老西郷頼母の意見書で一揆の群勢の要求のなかに、西郷仁右衛門と並河多作を貰いたいとのことがあるが、これは誰が言ったのか。またその要求の取りまとめに利八なるものを使い、それに神尾が二両の手当を与えているが、それは何故なのか、とこの騒動の背景に藩のなかの主導権争いがあるのではないかと尋ねている。文脈からそれは神尾に対する尋問のようにも聞こえるが、神尾大蔵はこの時すでに藩内にはいなかったのである。宝暦三（一七五三）年、神尾大蔵は南山御蔵入の会津藩預かり支配に伴い、南山御蔵入郡奉行代官として左遷されていた。

『家世実紀』には、「南山御蔵入が直支配になったが、会津藩としては藩の預かり支配をお願いしたいということで、藩主があえて神尾大蔵をその役に任じ、幕府の老中堀田相模守に「存寄り」（意見）を書かせて、会津藩預かりを実現させた」とし、「その功績に金子と五十石を褒美として取らせた」とされるが、そのあたりの経緯を『会津百姓騒動記』は次のように書いている。

（原文は漢文なので口語体の意訳で掲載）

「大石組の郷頭中丸惣左衛門という者の申し立てによれば、明和元（一七六四の六月より）年の現払米の値段に違いがあると訴えたが、神尾大蔵はその役にあって、そうあってはならないこととして取り扱った。そのために神尾大蔵は南山御蔵入の郡奉行を罷免され無役になった。そして小番頭を仰せ付けられ、名を親の名八之丞と改め、十月ころまで勤めまた無役組になった」と書かれ、そのことを幕府に訴えれば、藩の預かり支配に対して幕府からの調査が入る。それを避けたいなら口止め料として、私に千五百両を支払えと中丸惣左衛門は会津藩を恫喝し、『家世実紀』によれば、藩は明和元（一七六四）年の八月二十二日に千五百両を惣左衛門に支払っているのである。神尾大蔵はその一件の責任で南山御蔵入郡奉行を罷免される。そして小普請役に降格され、その後、切腹を申し渡されるのである。

しかし、その一件は秘匿されて、南山御蔵入の領民が、これまでのことから会津藩の預かり支配よりも幕府の直支配の方が諸経費の負担も少なく、夫食米などの取り扱いも会津藩役人の介在もないので、直支配に戻してもらいたいという切実な要望が出され、それに同情した神尾大蔵こと八之丞が幕府への「駆け込み訴え」（越訴）を唆《そそのか》したとされ、藩主の意向に叛《そむ》いた謀反人として、神尾大蔵房親とその長男大右衛門と次男大八に切腹が命じられるのである。『家世実紀』と『会津百姓騒動記』を合わせ読んで、一つの疑問が残った。それは会津藩のなかの権力の構図は、正之公の没後、聖光院のからむ一連の事件をはじめ、熾烈な権力争いが続いていたということである。

正之公の移封以来、南山御蔵入領五万五千石は幕府の直轄地であったが、直支配と会津藩預かりが交互に行われて、年貢が米から蝋などの生活必需品にまで移行するなかで、会津藩の隠し領地のような役目も担っていた。それだけに預かり地のときに会津藩役人の不正が起きていた。

宝暦十三（一七六三）年に南山御蔵入は四回目の会津藩預かり地となり、神尾の南山御蔵入郡奉行への就任も、寛延一揆の農民の「願いの趣」の実現に奔走したことに対する左遷とはあながち言い難いが、結果としては会津藩の家老ら主流派は、譜代ではない農民擁護派の一人である神尾大蔵を、ここで排除し抹殺した、という結果にはなる。そうしてみると中丸惣左衛門の一件も神尾大蔵抹殺の謀略といえなくもない。藩から千五百両を脅し取った惣左衛門のその後の消息は不明である。村には戻っていない。

『年代記』には、「安永四（一七七五）年六月六日、大石隠居中丸惣左衛門殿、江戸で死去、江戸葬礼、また此の方にても七月十二日葬式大石に御座候、八十一歳」と書かれている。今日なら一億円もの大金を会津藩から強請《ねだ》り取ったとされる惣左衛門が、七十歳代という高齢者が十年間も江戸で暮らすのに、その金をどのように使用したかは一切不明である。果たして江戸に居たものかもわからない。

この中丸惣左衛門については、長谷川城太郎氏がセミドキュメンタリー『風に立ち向かった男たち』のなかで、金山谷沼沢村の名主五ノ井家に残されていた『年代記』をもとに、『家世実紀』の巻百八十五（明和元年八月二十二日）の「会津藩は中丸惣左衛門に過去の不正を暴かれて大金を強請り取られた」という記述と照合しながら読み解いているので読んで欲しい。中村惣左衛門の告発に対して、会津藩として答弁しているのは、時の御蔵入代官神尾大蔵だが、それをもって幕府への釈明にはならずとみた会津藩が、惣左衛門の要求する千五百両という大金を支払ったとされる。しかし、それほどの重大事件を会津史学会が編纂した『会津歴史年表』には載っていない。中丸家の家督は息子新左衛門が継いでいるが、安永七（一七七八）年に新左衛門の子息勝助が逮捕され、その釈放と入れ替えに新左衛門が逮捕されて入牢し、その月の内に牢内で死去している。惣左衛門が死んだとされる次の年である。

「中丸惣左衛門の一件」という前代未聞の事件の責任を神尾大蔵に擦り付けて代官職を奪い、親子三名を切腹させたその裏に、何かがあるのではないかと思われる。神尾大蔵の五代後の松尾保窮著『会津百姓騒動記』でも、その罪を問われた神尾大蔵はそれを否認して反駁《はんばく》弁明をしているが、その記録は『家世実紀』には一切なく、どこまでが真実なのかは解らない、と書いている。神尾大蔵もまた圧政に苦しむ会津の民衆のために、体制側の役人でありながら、民衆のために権力に抗して、抹殺された会津の「義民」の一人ではないかと思うのである。

南山御蔵入領の蝋漆改方役人川島与五右衛門

会津藩牢内で打ち首

神尾大蔵房親が殺されて四十四年が過ぎた文化十（一八一三）年十一月二十五日、南山御蔵入領蝋《ろう》漆《うるし》改方役人川島与五右衛門が会津藩の牢内で打ち首になった。享年三十九である。

打ち首の理由を会津藩は「判決文」でこう記す。（原文は漢文）

「この者の儀、一巳（自分）の欲心より起こり、種々重き偽りを地下に申しふらし、あるいは役所に対して金子欺き取るべき企み以って、不当の紙面におよび、すべて百姓を迷わせしところ、仕方糺《ただ》しの上（尋問）に一々白状におよび、郡中取行い（統治）の塞ぎに相成り、御上を恐れざる謀など好悪《こうお》の所行、重々不届きの至りに候条、牢屋構の内において刎首に行う者也

十一月二十五日」

川島与五右衛門は天正五（一五七七）年、川島越中憲定が会津に来て葦名盛氏に仕え、赤館庄小岐遅沢清水（現会津美里町東尾岐遅沢）を領した。ルーツは日野氏で南北朝時代は南朝方（後醍醐天皇）

に属し、左近蔵人惟頼が戦死している。慶長十六（一六一一）年、蒲生秀行のときに漆木改役に就いて代々その役を世襲している。安永五（一七七六）年に与五右衛門は生まれているが、生後数ヵ月で父を亡くし、祖父母や母によって育てられた。母は高田郷頭田中種富の二女で多賀といい、郷頭でもあり俳人月歩でもあった田中東昌の姉にあたる。幼名を与一郎といい、祖父の知重は幼くして父を失った孫の与一郎の成長を願って祈願文を奏しているが、その全文が『高田町誌』に掲載されている。

与一郎は学を好み、数理に優れ、また書道は江戸の其亭に習い、十五歳からは武芸を修練して南山御蔵入領内の名主の若者らの信望を集めた。寛政十二（一八〇〇）年、二十五歳の時に代々世襲をしてきた南山御蔵入蝋漆改役に就任し、与五右衛門を名乗った。

藩役人の不正を幕府に訴える

与五右衛門は早速、所管の領内を回って漆木とその実から採る蝋の実態を把握することに着手して、領民から蝋の買い上げ価格が不当に安く買われていることを知らされた。このころの蝋は灯火の蝋燭《ろうそく》の原料として高価な取引がなされていたが、南山御蔵入領を預かり支配する会津藩の役人たちは、幕府に納めるのは一戸当たり十匁《もんめ》蝋燭四挺《ちょう》で、それ以外の蝋を免外余蝋と称して領民から強制的に安く買い集めて、それを静岡、会津、米沢などの市場に出して売買し、結託して長年にわたって私腹を肥やしていたのである。南山御蔵入の領民が会津藩預かり支配よりも幕府の直支配を望んだのは、そうした不正によって長年生活困窮が続いていたからであった。

その実態を知った与五右衛門は彼のもとに書道や学問のために集まる領内の大栗山の名主新左衛門らの若者たちと、その不正の摘発と免外余蝋の適切な価格での売買によって飯米の確保など領民の生活の安定を図るために、幕府役人として幕府に対して「存寄り《ぞんじょ》」（意見書）を書いて勘定所に訴えることを決意するのである。それは農民が行えば「越訴」であり、何人かで行えば徒党を組んだとされ、いずれも御法度（謀反行為）として打ち首獄門に処せられる。しかし、役人の立場での「存寄り」は制度や体制に対する要求ではなく、支配のためにより良い方途についての建議的な申し立てであるので、幕府の勘定方も好意的に対応してくれていた。

与五右衛門はこの不正を糾して領民の要求に応えることに意を決したのであったが、そのことを親友の領内箕作村の名主馬場安左衛門に相談すると、安左衛門から自分の村でも近在の村でも、会津藩の役人の不正には皆、難渋しているのでそのことは同感だが、これまでの例であれば、そうしたことは身命を賭すことになるかも知れないので、妻子や母親にはその災禍が及ばないようにして決行するように、との進言を受けている。

与五右衛門は名主たちと相談して、「存寄り」の内容を十六ヵ条の嘆願にまとめて、母や妻子には、侍は戦の世であれば戦場で命を落とすこともある。蝋漆改方役人としてこの不正を見逃すわけにはいかない。誰にもその被害が及ばないよう妻は離縁し、子とともに私とは関係のない者として、母にはもしもの時は他に迷惑が及ばないように、この一件は私の一存であると申し上げることを頼んだ。そして与五右衛門は文化八（一八一一）年の晩春、名主たちの集めた江戸までの路銀と滞在費を懐にして、会津を発ったのである。

見送る母を振り返りながら、母の後事を安左衛門に頼み、与五右衛門は山深い東尾岐組の遅沢村から密かに大内宿を抜けて、江戸に着いたのは五月も終わりに近い頃であった。南山御蔵入領の蝋漆改方は地方の末端の役人で、どのようにして「存寄り」を勘定所の奉行に渡すことができるかに日を費やしたが、漸く幕府の御典医を通して、七月月番の勘定奉行、柳生主膳正久道の手に渡し、翌年の文化九（一八一二）年に勘定奉行のもとで南山御蔵入の余蝋一件の取り調べが始められたのである。

藩役人は軽微な処罰

与五右衛門の「存寄り」の十六ヵ条に何が書かれたかは、記録が残されていないので知ることはできないが、後事を託した箕作村の名主馬場安左衛門に宛てた手紙でおおよその推測がつくので後述するが、まず滝谷組名主郡蔵ほか十一名の名主と村惣代十一名が江戸に呼び出された。南山御蔵入預かり領における会津藩役人よる免外余蝋の買いたたきの実態を彼らから聴取したものと思われる。次いで与五右衛門と同役の黒田大蔵、下役の若林官平（東尾岐村大室）並びに石井治御右衛門（赤館組北村）らが呼び出されて名主らの言い分を確認し、さらに会津藩の南山御蔵入元郡奉行の坂十郎左衛門、番頭組頭の梶原雄三郎、副将付組頭の高橋伴右衛門、相州物頭の横山數馬、蝋漆木上役の広川力四郎らが江戸表に呼び出されて、百姓とは別に取り調べを受け、そして翌文化十（一八一三）年の正月晦日《みそか》に幕府勘定方の裁定が下ったのである。

呼び出された百姓は与五右衛門に協力したことで過料（罰金）五百貫から三百貫、うち三名がお叱り（訓告）、与五右衛門は給米召放（解雇）以後、蝋漆木に一切かかわることの禁止が言い渡された。一方、長年にわたって不正を働き私腹を肥やしていた会津藩の役人はすべて押し込め（謹慎）、という極めて軽微な処罰で終わったのである。しかし、この与五右衛門の「存寄り」によって、南山御蔵入の免外余蝋の不当な価格での買い上げは無くなり、領民は市場の適正価格で売ることができるようになり救われたのである。

百姓との約束と武士の一分

蝋漆改方の役職を解雇された与五右衛門は故郷に帰ってきてその旨を名主たちに報告していると、翌文化十一（一八一四）年の正月から、与五右衛門と関係のあった名主を次々と会津藩の牢に入れて、与五右衛門に訴えたことは、与五右衛門に唆《そそのか》されてであったことを証言させた。そして徒刑（年期を定めての使役）に処した。その証言を根拠に与五右衛門を藩に対する反逆の罪で召喚した。しかし、無役となった与五右衛門はそれに応じなかった。

蝋漆木上役の広川らは長年にわたって不正を行い、私腹をこやしていたことができなくなったことを怒り、不正を恥じるどころか、与五右衛門を逆恨みした。何度かの呼び出しに応じなかったことに業を煮やし、捕り方十数名に罪人を乗せる唐丸駕籠をもって与五右衛門方に乗り込み、与五右衛門を罪人として捕縛し、駕籠に乗せて藩の牢に入れたのである。そして前述した罪状をもって、文化十一（一八一四）年十一月二十五日、牢内で打ち首とし、その遺骸を母多賀の待つ尾岐窪村（尾岐窪）龍門寺に返したのである。会津藩は与五右衛門を打ち首にしたことで農民が蜂起することを恐れて、村々に前述した捨札（板札）を立てて、同時に「殿様による非常の大赦」によって、牢に入れていた百姓を無罪放免にしたのである。

村に帰った百姓たちは、与五右衛門の遺骸を龍門寺の墓地から掘り起こして尾岐組遅沢村の川島家の墓に「大空院万機常体居士」として葬ったのである。母親多賀はそれを見届け、その菩提を弔いながら七年後の文政三（一八二〇）年六月二十四日に没した。享年六十四であった。

与五右衛門は「存寄り」をもって江戸に登るとき、親友の馬場安左衛門にその胸の内を手紙に書いて送っている。没後に手紙は安左衛門によって公開されて、『会津高田町誌』『会津高田町史』（全七巻）に残されている。（原文は右のような漢文体だが、口語文で載せる）

「坂十郎左衛門は御免無之由、承及右一件落着未咎御免之之内御箱訴申上候、如何之趣熟慮の事と中付先見合罷在候」

「広川、坂両人のお咎《とが》めなしについては早々に聞いていた。またそれに先立って川手八左衛門、木藤丹蔵は若いころから世話にもなり、文通をしていて、私が悪いと言ったということは信じ難い。帳面を見てもらえば解る。私が会津藩に対して強請《ねだ》り（言いがかり）をしたなどと言われては私の一分が立たない」

「私は命が惜しいのではない。先日も母方に申し遺したが、武士の門に入っては乱世であれば、幼少であっても初陣に罷り出て死ぬことも珍しくはない。太平の御世には御上の御為に地下万民の助けになるときは身命にかえてもその儀を果たさなければならない。乱世と同様に討ち死を覚悟しなければならないと、そう思ってあきらめてくれと申し遺してきた。この度の儀は祖母に対し、また地下に対して必ず帰って報告したい。それまでは命を助けてほしい。取り調べも終わったが、私が嘆願した十六ヵ条のうち三ヵ条は良く吟味願いたい。広川、坂のご両人については面談では黙示していましたが、書状に書いた通りである。また地元の百姓共は皆私を慕い、親切な書状も貰っている。私の「存寄り」で郡中安危（騒がしく）になったが、私のしたことは私欲に基づくものは全く無く、意地を張ったのも上下（上は御上、下は地下）のため、南山御蔵入の支配がうまくゆくようにとのことであることは、皆様に幾重にも御伝えくださるようお願いします。

四月十五日

川島与五右衛門

安左衛門　様（箕作村名主、馬場）
清吾　様（小栗山名主、高橋）

もう一通の手紙には、

「なお、免外余蝋買い上げについては、会津での買い取り不正があります。それにかかわる五人にお咎めがあれば、それを止めさせることができます。

そのことを書状でお願いし、計らい金として取られていた金子は取られなくなりました。また、年貢以外にとられていた蝋の前金も塩の代金も取られなくなりました。少しは負担が軽くなったと思いますが、そのことは領民に知らせてください。私はこれまで百姓に約束してきたことが、この一件で果たせました。私は殿様に不服を言っているのではありません。南山御蔵入預かり支配の役人（会津藩から出向する役人）の心得違いを言っているのであります。また川普請人足の扶持《ふちまい》米も公儀（幕府）と国元（会津藩）では大きな相違があります。それを正して欲しいと御願いしたのであります。それも先ごろ、何事によらず世の中のためにならないことは申し出よという御上の意向を聞いて、それで「存寄り」を申し上げた次第です。

ご心配をかけていますが、すでに船は乗り出しました。本望を遂げるまで私の考えの変わらぬことを申し上げ、広川、坂ご両人の落ち来るのを待っています」

と書かれている。

与五右衛門のことで今も不明なことがある。それは彼が代々勤めてきた蝋漆改方役を世襲した二十五歳の時、妻子がいなかったとは考え難い。累《るい》が及ばないように離縁し、子も秘匿されたものと思われる。神尾大蔵のように子息も切腹を命じられているので、それを知っている母親の多賀とその生家である高田組郷頭の田中家東昌らは、その妻子の存在を会津藩の執拗な穿鑿《せんさく》から隠し続けたと思われるのである。

人参直売制反対と長嶺治郎大輔

東尾岐組関根（関根集落）の不動堂に「重英神霊」という碑が文久三（一八六三）年三月庚戌の日に建てられている。

「霊神藤原氏、某先輩名氏に仕えるという。霊神陸奥国大沼郡某村に住む。御買上余蝋の利を郷民に嘗《かつ》て与えた徳、また良い書を遠くにあって受けた者数百人、その時を謝し、今を距てること五十年、人なお追慕やまず、ここに石を建て以って篤《あつ》く祭る。

文久三（一八六三）年、癸亥三月庚戌、門人並びに有志敬識」

祭られた人の名も、またこの碑を建てた人の名も、その人の住んでいた村も某村としか書かれていない。ただ「重英神霊」とだけ刻まれている。

その時代、「神霊」と書かれるのは藩主だけであった。文久二（一八六二）年に会津藩主松平容敬の霊号が、「忠恭《まさお》神霊」と決まったのを揶揄《やゆ》するように、この神霊碑は建てられている。重英とは与五右衛門の諱《いみな》（生前の実名）である。与五右衛門は代々襲名の名跡だが、重英は与一郎が成人になってからの名前である。

その名をこの碑に刻んだのだった。大胆不敵にも「神霊」としたのは、南山御蔵入の領民にとっては、与五右衛門は藩主に匹敵する恩人であり、尊敬と信頼を一身に集めて、命がけで領民を救った神であったのである。

この碑の建立者は門人および友人とされ、名前は書かれていない。しかし、地元では誰もがその人の名を知っている。

南山御蔵入二百三十六ヵ村の惣代、東尾岐組沼平村名主長嶺治郎大輔、諱は容重である。彼は十六歳の時に父を亡くし、父親の後を継いで沼平、藤江二村の名主となったが、すでに時代は幕末に向かって動いていて、その激動の何たるかを学ぶために文政五（一八二二）年、十七歳のときに江戸に登り、幕府の南山御蔵入の下役などに就いて、御蔵入領で栽培を奨励していた朝鮮人参の海外交易を図るために長崎のオランダ人などと接触する。次いで馬関（下関）に赴いて長州勢とも交流し、天保八（一八三七）年に帰村する。折しも「天保大飢饉」といわれる会津地方の凶作が続き、南山御蔵入領は飯米にもこと欠く事態に陥っていた。天保九年、治郎大輔は冑組二十一ヵ村の惣代里正《りせい》（庄屋の別名）に押され、下谷ヶ地、中村の里正を兼ねた。治郎大輔は山間地の下谷ヶ地、中村の貧困に対し私財をもって廃戸を復興し、海老山、東尾岐組の数ヵ村にもその善政は及び、冑組、東尾岐組二組の惣代になり、天保十二（一八四一）年には、幕府の平岡文次郎の配下として八十里越えの新道の開鑿《かいさく》に尽力し、越後街道を開いて越後と会津の陸の交流に貢献した。

万延元（一八六〇）年、治郎大輔は南山御蔵入二百三十六ヵ村の名主惣代として、善四郎、嘉藤次とともに江戸に登り、幕閣老久世大和守広周に籠訴《かごそ》（幕府の重臣や大名などの駕籠が通行するの待ち受けて直訴すること）し、領民の安石救米《やすこくきゅうまい》（年貢の引き下げと滞納の棄損、飯米の給付）を八ヵ月をかけて実現した。籠訴はご法度で死を覚悟したが、無役という形式的な処罰で終わった。

それはひとえに川島与五右衛門のご加護と、治郎大輔は与五右衛門を畏敬崇拝し、明治二（一八六九）年十月二十一日に没した。享年六十四であった。

長嶺治郎大輔は明治政府が廃藩置県によって若松県を設置したときに没しているので、時の政府、あるいは権力者によって殺されたのではないので「義民」の定義には該当しないが、彼の三代後の子孫、（昭和五十年代）長嶺昌氏所蔵の文書が『ふくしまの農民一揆』の著者吉田勇氏によって記録されている。幕末から明治初頭の会津における農民一揆の貴重な記録なので、その要旨を再録しておきたい。

長嶺治郎大輔が頭取となってかかわった愁訴や強訴の記録である。

天保四（一八三三）年は奥羽大飢饉でそれが断続的に天保八（一八三七）年まで続いて、会津藩は幕府から一万四千七百両余の援助金を支給される。

そうした折に、長嶺治郎大輔は郷里の南山御蔵入冑組沼平村の生家に帰省する。南山御蔵入地はその年、四回目の幕府の直接支配となり、五月より代官平岡文次郎が着任する。

天保九（一八三八）年、安石代願《やすこくだいねがい》（この言葉は二つの意味で使われる。一つは年貢の賦課率の引下げ、二つには年貢の金納）を大沼郡十九組の総代として愁訴。要求が成就しないので翌十年にも愁訴（会津藩預かり支配の時は田島の代官所に、書面によって要求）する。

同年、小児養育金（会津藩において、延享三（一七四六）年に神尾大蔵が「産子養育ついて」の意見書を藩主に提出して、産子の間引きの禁止と小児の養育金が支給されていた）の返済の延納を、大沼郡十九組の総代として愁訴している。

天保十三（一八四二）年、拝借米金（凶作により飯米が不足し、そのために拝借した）の代金返済の延期の願いを大沼郡の三組の総代として愁訴。同年、南山御蔵入の支配替え反対、代官留任の越訴（江戸幕府への願い）を大沼郡十九組の総代として行っている。また同年、田島代官所役人の不正を摘発して大沼郡十九組の総代として愁訴している。

支配替えと代官平岡文次郎の留任運動が起きたが、その理由を『ふくしまの農民一揆』ではこう解説している。

「平岡は天保七年から十三年九月まで在任した。その政策はまず三年以来の飢饉による荒廃から農村を復興することであった。特産物生産の奨励、蝋、漆以外の産物の他領販売の自由化、特に会津の特産物で固い専売下にあった薬用人参の大阪直売りの認可を行った。人参はこれまで藩の特権商人を通して長崎への独占販売であった。平岡はそれを自由化した。後の嘉永二年に藩が販売を統制しようとしたが、農民の反対でできなかった。次に平岡は南山御蔵入地からの出稼ぎを限定付きで許可した」

「限定付きというのは、農繁期までには帰村するという誓約書を村役人に提出して、許可制で許可した。とくに冬期間、人夫や組をつくっての屋根葺きに関東圏に出た。また平岡は郷頭を無給とした」

南山御蔵入領の郷頭については、享保の一揆（一七二〇年）の時にも廃止の要求が農民から出されていたが、支配体制として存続していた。そこで郷頭の給料が農民負担となっていたのでそれを無給として、農民負担を減らしたのである。これは長嶺治郎大輔ら村役人と代官との協議の上にとられた政策であった。同時に出された役人の不正摘発は、皆川、武井という二名の役人の行業を具体的、詳細に記載して告発している。それについては紙数の都合上割愛するが、かつて川島与五右衛門が藩役人の不正を摘発して「存寄り」を上申したときよりもさらに詳細に書かれ、「すべて賄賂で、事を処理する」「この御両人が田島にいては善人離散し佞人《ねいじん》はびこり、南山二百六十ヵ村は魔国となる」と書かれている。

嘉永二（一八四九）年、人参直売制限反対の願いを大沼郡三組の総代として愁訴している。その訴願の要旨は、

「かつて御種人参（薬用人参）については、会津藩預かり地の場合、御私領と同様の処置がとられていた。天保七年、御代官所になると御蔵入の人参は自由に農民が製造し、生根も自由勝手に売買できるように改められた。加えて先御支配の時期に公儀からの命令で販売勝手となり、この法令以前から実施されてきた。しかしながら私領（会津藩）の人参は全部長崎にまとめて売っており、このままでは南山人参の大阪販売は抜け売りとなる。会津人参は密かに大阪に売り値を下げて困ると抗議がでた。それで私領同様の取り扱いをするように命ぜられた。組村に廻状を出し、寄り合いをもって相談したところ、小前作人らは、前々から勝手に売買していたので、全く便利であるから、これまで通りにしてほしい。御蔵入は製法統一で粗悪品を出すので、会津人参全体の値を下げると言われるが、今後は上手な者を立ち会わせ特別に製品を吟味して私領の値を下げることはしないので、どうか小作人の願いのようにお願いしたい」

として会津藩の統制には従わなかったのである。

嘉永五（一八五二）年、天候不順による凶作のため当年度の年貢の破棄と米商人による価格の引き上げに対して、その引き下げを代表長嶺治郎大輔をもって組惣代の連盟で訴願したが聞き入れられず、

安政五（一八五八）年に再び組惣代とともに治郎大輔は幕府への越訴を前提に訴願している。しかし、会津藩の財政は窮迫し、南山御蔵入領から御蔵入の不時備金二千両を借りる状況にあったので藩は訴願を却下した。それで万延元（一八六〇）年、三度目の南山御蔵入領二百三十六ヵ村の組および村惣代連盟で長嶺治郎大輔を総代表にして愁訴し、埒《らち》があかないので江戸へ越訴。治郎大輔が死を覚悟して閣老（老中）久世大和守に籠訴をして要求の一部実現を達成するのである。

直訴はご法度なので死を覚悟していたが、役職の罷免だけで終わり、会津藩は翌文久元（一八六一）年に、治郎大輔の総代罷免と取り換えを命じるが、大沼郡肓組はそれに反対して、治郎大輔を留任させるのである。幕末の激動期ということもあるが、会津の農民は支配体制に屈服することなく執拗に、しかも果敢に合法的に戦い続けたのである。そして時代は戊辰戦争へと向かい、会津藩の敗北とともに、明治元（一八六八）年に会津全域の「世直し一揆」に立ち上がるのである。

それを見届けるように、長嶺治郎大輔は、明治二（一八六九）年十二月二十一日、六十四歳をもってその生涯を終える。

その子息、長嶺八郎治は明治初年、大沼郡の初代郡長となり、自由民権運動には大沼郡でただ一人、明治十二（一八七九）年の自由党の盟約に署名している。

会津の民衆の民主化への意識と運動は多くの犠牲者を出しながらも引き継がれて、「やーやー一揆」から自由民権運動へと向かうのである。

#「世直し一揆」と百姓代古川藤吉

戊辰戦争後、全会津に拡大した「世直し一揆」

慶応四（一八六八）年九月二十二日、戊辰戦争で会津藩は降伏した。九月に入って降伏のための準備が進められ、大勢は決したとして九月八日に新政府は和暦を慶応から明治に変えた。それから十日が過ぎた十八日、最後の戦場となったのは高田村であった。焼き討ちにあって約三百の家が焼かれて、政府軍は周囲一帯から若松城下に入った。その断末魔のさなかに会津の農民は体制打破に立ち上がったのである。明治新政府は十月一日、若松に新政府の民生局を設置した。越前福井藩士の村田氏寿（通称巳三郎）が惣長となり取締役方、書記方、会計方の三部局体制が採られた。そして旧検断十五名、その下役名主十八名に従来通りに役目を果たし、治安の維持に努めるように命じた。その二日後、元南山御蔵入地内の大沼郡五畳敷村と大成沢村の百姓が数名で名主宅に押し寄せ、年貢賦課に使用している水帳《みずちょう》を出せと脅した。それには以前村を離れた者が戻ってきていて、その者が扇動した、と地方史には書かれるが詳細は判らない。それが起点となって世直し一揆が会津盆地の平坦地に急速に広がっていった。

この農民蜂起が最初に扇動したとされる者らの行動にかかわるのかは不明だが、十五日には北会津郡中荒井村、河沼郡高久村などでも同様のことが起き、坂下村の村々から大沼郡新鶴村、赤沢村、高田村、藤川村、旭村、永井野村、川路村と広がっていった。一方、元南山御蔵入地域にも広がり、二十二日には湯川、喜多方、猪苗代とほぼ会津全域に拡大した。

その規範となったのは、元会津藩領であった越後南蒲原郡鹿峠長沢組下、三十七ヵ村が車連判状（傘《からかさ》連判状）を廻文して、明治新政府に十ヵ条の要求を出して、その実現を図るために四日間にわたって住民による自治を敷いたことが伝えられ、新政府が旧体制をそのまま引き継がせるなら、それに対して要求書を突きつけ、悪徳名主や肝煎を交代させて、農民に対する政策の改善を図ろうということが、その行動の背景にあったとされる。

それは天保年間（一八三〇〜一八四四）以来、凶作の続くなかで財政破綻に陥っていた会津藩が過酷な農民への負担を名主（幕府の直支配地の村長の呼名）肝煎（会津藩内の村長の呼名）が幕末、商品経済の発展によって、商人と結託して年貢の立て替えによる農地の小作化などが進み、農民の要求は旧体制の末端にいて農民搾取の実行者となっていた彼らに一揆の矛先は向かったのであった。この一揆の社会発展史の見地から論評した庄司吉之助氏の『世直し一揆の研究』によって、その背景や意義については明らかにされているが、この一揆が偶発的に発生したものか、それとも組織者がいたのかについては触れられていない。山間地の数名の暴動が僅か五日間で全会津に拡大したのは何なのかを見ていきたい。

明治新政府に改革の実行を迫る

まず支配者史観に立つ『大沼郡史』の記述はこの一揆を、

「明治元年、戊辰の役収まり、新たに民生局設置せらるるや、時恰も戦役敗残の余にして、百般の事務未だ其緒に着くに至らず、従って人心の動揺猶止まず、恰も一時無政府の状態に陥れり、この虚に乗じ、各地の下級農民無頼漢の徒、期せずして各所に暴動を起こし、三日間に亘り、夜ごと暴れ廻り、蓋しその目的たるや、各村名主、肝煎の家を襲い、水帳、人別帳等総て徴税に関する帳簿を焼却没収して一切不明にし、無役地を廃止、名主、肝煎、百姓一様納税を平らにし、且平素心悪しき名主を懲し、金銭貸借証文および質帳の類に至るまで、文書を滅却して返済の義務を免れ、又無利子にて質物を受け出さんとするにあり、故に此等の窮民期ずして会し、勢いに乗じて名主、肝煎等の屋内に闖入し、柱を切り畳を剥ぎ、壁を穿ち、天井を破壊し、甚だしきに至っては火を放つに至る者もありき、

―以下略―」

この一揆を「虚に乗じ、各地の下級農民、無頼漢の徒、期せずして各所に暴動を起こし」と記している。一揆とは見ていず、下級農民、無頼漢の徒が期せずして、つまり偶然に暴動を起こした、としている。果たして実態はどうであったか。最初の名主への要請は偶発的であったかもしれないが、この一揆は十二項目の共同要求に、その地域の要求を加えて一揆を結んで行動したまさに「世直しの一揆」であったのである。

昭和四十一（一九六六）年に刊行された『会津若松市史』（全十二巻）では、戊辰戦争に対して農民は「東北地方では反対が多かった。軍役と兵糧が徴発されたことと農作業ができないためである。軍のために軍役と米の徴収、会津藩では町兵、農村では農兵を組織し徴兵したのである。このように農民に対する二重の負担は、会津藩に非協力の農民を生んだほどであった。このことは封建制度に対する強い批判の表れとみてよいであろう。「やーやー」と叫んで、打ちこわしを行った世直し一揆は、封建制度を厳しく批判し、新政府に改革の実行を迫ったところから、百姓一揆と区別される。農民自らが「世直し」と表現するほど、その一揆は意識的にも高まった要求をするに至ったのである」と述べている。

一揆の性格は封建社会の幕藩体制が崩壊したなかで、その矛先がその体制の末端の実行者である名主、肝煎が、そのまま新政府に再任用されるということに対する強い反発があったことは言うまでもない。大正十二（一九二三）年に刊行された『大沼郡史』との一揆に対する歴史的評価の相違は当然のことである。しかし、その結末についてはどちらも別件で逮捕し、明治三（一八七〇）年に新政府が打ち首獄門の刑に処した河沼郡勝常村の百姓代古川藤吉についてては、別件であることを理由に一言も触れていない。一揆の展開の過程は後述するが、なぜ古川藤吉が一揆の頭取とされたのか、若松民生局の治安および牢獄管理を担当した久保村文四郎（旧越前福井藩士）がなぜ民生局の廃止にあたって、農民に対する見せしめを行ったのかを見ていきたい。

世襲村方役人の廃止など一揆勢の諸要求

この一揆を名主、肝煎の立場から記録した高久組郷頭風間金三郎の「口上書」や笈川組郷頭の鈴木重嗣《しげつぐ》著『扇田記』があるが、その記録には、一揆の代表が要求書を持って肝煎宅を訪ねて要請していたが、集まった農民は野良着姿に笠を被ったり、手ぬぐいで頬被りをして鉈《なた》や掛矢《かけや》、鎌などの農具を持って、「やーやー」と歓声を上げて走った。それで「やーやー一揆」と呼ばれている。要求に応じない名主や肝煎、とくに湯川村などの平坦地で、肝煎などが町方の者を用心棒に雇って抵抗したような所では、打ち壊しや焼き討ちも起きていた。しかし、大方は要求に応じている。日頃の村人に対する態度で、その暴動の差は歴然としてあった、と書かれている。私の本家は大肝煎であったが暴力的な襲撃は受けていない。むしろ要求に応じて諸帳簿を出し、そのうえ酒食を提供して労《ねぎら》ったと聞いている。

では、一揆勢のその要求とはどのようなものであったのか。『会津若松市史』と庄司吉之助著『世直し一揆の研究』で見てみよう。庄司氏はその要求のもつ意味についても次のように解説している。

一、世直しの儀、一組に定まり申し候、(一揆の共同目標は一致しているが、要請行動は組ごとに行うことの確認)

一、名主役の総立て替え、(世襲で続いている名主、肝煎を村ごとに選挙によって選ぶこと)

一、郷頭についてはそのままでよい、（以前の一揆では郷頭の廃止を求めていたが、組の規模はほぼ十集落前後なので、行政の範囲としては良いということ）

一、名主の手元にある元帳（租税賦課帳）旧帳（年貢、水帳ともいう）証文類は総取り上げ（とくに質地証文は名主が年貢立て替えの担保として農民から取り上げ、小作地としている書き付け）、ただし個人間の金銭の貸し借りについての証文はお構いなし。この背景には、幕末、名主、肝煎と結託して利ザヤを稼いでいる商人系の高利貸を対象にして、その排除を求めたものである。

一、質物のうち貸金は当年より無利子、十年年賦、但し証文の有無、金額の大小によらず一様これまでの年賦金並びに一昨年以前の差し引きは無勘定、（これは年貢および滞納年貢の棒引きの要求）御年貢は当年一年乃至三年は無年貢に、（内戦と不作によるため）

一、籾借用の儀、御貫度し、村入用の割り方、組割り方も必要なし、（夫食米、種子籾の貸付および返済に村役人の不正の糾弾）

一、漆木実は、実が成らなかったときは不納、実が成った年は四分の上納、六分は手前に置かせ下されたし、（蝋の上納の率の引き下げ）

一、諸色（コメ以外のいろいろな産物）地場産米を除き、御種人参はじめ生糸、麻、その他何品も他方（会津以外）にも売買ができる様に、又材木なども売買ができる様に願いたい、（産品の専売制、また領外への移出禁止の撤廃、領外往来の留め置きの撤廃、これは戊辰戦争時の規制措置の撤廃）

一、当年は乱世につき、農、山業払い、（農作業や山仕事ができない。各方面へ御伝馬人足を務めているが、耕作のための準備もしていないので難渋している。官軍に提供した米百三十俵もあり、当年の年貢は無しにして欲しい

ここに、その地域の要求が付加されているが、戊辰戦争によって収入がなかったので、今年の年貢は無しにして欲しいというのは、全体に共通している。

下層農民の意識変化と体制民主化要求

この一揆の要求は、「世直し」と自称するように、経済的な諸要求とともに、体制の民主化を求める要求が含まれている。名主、肝煎といった封建時代の末端役人の世襲制を廃止し、村民によって選出して村民の主体性による統治を求めている。これはまさしく反封建闘争であり、新政府への民主化の要求に他ならない。会津の農民の意識の高さを示すものである。

庄司氏は、歴史の近世から近代に移ってゆく内在的な必然性を見て、その要因に次のことを指摘している。その最も大きな要因は生産力の発展に伴い下層農民の意識の変化を挙げている。生産力の発展は生産した作物を商品として販売することの自由がなければ、経済活動は成立しない。その自由を求める要求とともに、生産力の発展の成果が、搾取によって農民の生活向上を阻害しているという自

覚である。そのことが農民共通の認識として一揆行動の動機となっていることである。とくに商業経済の発展が、資本利子による金融経済活動が商人から上層農民に浸透し、貸地（小作地）の発生が会津藩において家老田中玄宰が寛政の改革を行った農家の必要に応じて農地が配分された「地ならし」の体制を破壊し、農村の階級分解が、急速に推し進められているという現状認識であった。

加えて世襲によって保持されてきた村方役人の名主や肝煎の不正や横暴など、農民の信頼を失う行動も農民の批判の対象となり、その改善も要求となった。さらに、その旧体制を新政府の民生局がそのまま現状維持したこともその要因になった、と述べている。この一揆の発端については、栗城義綱の『公私適要』（戊辰中篇、下巻）に記されている。（若松民生局に事後報告された公文書として残っている）

「十月三日、滝谷組五畳敷村に何れかより、馳せ参じた二十名ばかりが、滝谷組名主宅に押し込み（乱入）、それにより東川牧村高森に至り、そこから大成沢村の□□（名主？）宅の戸を手で打ち破り、芋小屋村、同断、冑中村は郷廻りの条八宅を打ち禿《はげ》し、砂子原村名主縫之助宅を打ち禿し、それより大谷、宮下、西方の各村で乱妨」と書かれ、

「何れかより、馳せ参じた二十名ばかり」とされ、その村の者ではないとされる。これは一揆の頭取を隠す意図的な報告なのか、五畳敷村（金山）砂子原村、芋小屋村（柳津）冑中村（高田尾岐）宮下、西方（三島）とこれだけ広範な山間地域を歩いて暴れ廻るとすれば、三日以上五日はかかる。それに二十名程度の集団が幾組かで行動しなければ報告書のようにはいかない。これは民生局の役人が会津

の地理を知らないことを見越しての報告で、主謀者を特定できないように報告されている。その報告書は次のように続く。

「右一揆騒動については、村々小前（自分が）難渋の者共のなかに、平日心悪しき者、人を勧め村々にて動揺いたし候に付き、組集会の筋、品々談判仕候処、沖も何れには難渋のもの取り凌ぎの通り不相成候て、中々不穏に候間、厚く評議致し、有徳の者より、質物、その他品々差し引き愛憐致し候廉を左に記置き候

これまでの年賦金　無勘定

一昨年寅年以前の差し引き　無勘定

同寅年以後の差し引き　来巳より十ヵ年年賦

質物の儀　置き主へ不残品物返候

当辰小作立場米の儀　当年休み

この他に「永代地質物の儀、永代地は元金にて受け取り、質地は無金にて返し候様難題申し越得共、地方出入に相成り候ては村々騒動不得止事候へば、是等の儀は手入れなし」と書かれる。これがこの一揆の統一要求の基礎になったもので、新政府の民生局には、各組から組ごとに出されているが、民生局はそれらの受け取りを拒否して「願書差し戻し」を行ったのである。

世襲名主、肝煎の公選による改選

これに対して一揆勢は、それならばと、新政府の支配機構の末端役人となった村々の名主、肝煎、富農層の高利貸などを、その要求実現のためのターゲットにしたのであった。明治新政府への期待は消されたが、これらの要求に対して「定」を村々に布告した。

罪なき者は一切御かまい之無事
但し、此迄手向かい候者足りとも、降参する者は許す、朝敵を隠し置く間敷事、当年の儀は年貢半分下され候、右の条々相心得銘々家に帰り、家業安堵せしむべし者也
辰十月　　若松民生局

さらに日を置かずして
一、此節当所兵火によって焼失致し候戸軒には、お救いとして無代銀にて、材木を下され候、伐採取りたき者は願い出よ、便宜次第、但し兼ねて木屋職等を相勤めていた者は申し出よ、右の支配等相成り候義不苦、
一、此節稲田刈取り不申候にて、腐敗相成候に付き、早々刈取り申すべき事、但し等閑に致し置き候はば、誰成共勝手次第刈取り候上達申可候

辰十月　　　　　若松民生局

二つの告知については、一揆勢の要求に対する民生局の対応だが、兵火に焼かれた家の建築には、山の木の伐採許す。稲が刈り遅れて腐敗してきているので早く刈り取れ、放置している田は誰が買ってもよい。他にも名主、肝煎は改選を行ってもよい。但し、地頭、老百姓などは郷頭の指示を仰ぐこと。併せて御蔵番、枡取、米見役はそのままに置いて、旧藩体制の年貢徴収の役はそのまま継続すること、を条件にしている。

一揆は僅か五日間のうちに会津全域に広がり、元南山御蔵入地域など平坦部が終息してから立ち上がったところを除いておよそ一ヵ月で終わっている。若松民生局はすぐに一揆の首謀者の捜索を開始し、大沼郡だけでも六十七名が逮捕され、獄舎に入れられたが、その詮議の過程で放免された人の名が、例えば雀林村勘三郎、宮下村裕二郎、桑原村礎左衛門、大石田村伝次郎などと『三島町史』には記載されているが、逮捕された者の大半は獄死し、『大沼郡史』は「その何名たるかを詳らかにせず」と記している。

田島民生局の記録には、

「津久保村鶴蔵、大石田村七左衛門、万吉、亀吉、荘元、菊吉、巳之吉、伝四郎、武七、久吉、春松、他十五名、五畳敷村の者、都合三十八名、そのなかの白坂村（西会津か）の庄吉、野良沢村の長次郎を一揆勢が隊長様と唱えているので、此の者が悪党を統率、横行致し候」

と書かれているので、五畳敷村の最初の二十名は、この中にいるものと思われる。白坂村の庄吉はどこかの一揆にかかわり、国（藩）外永久追放に処せられて、無宿人として放浪していた者ではないかともいわれる。

楢原組の組織的な共同行動

耶麻郡内の喜多方地方、猪苗代地方などの一揆の様子は、山都町宮城家文書の『百姓一揆筆記』などに書かれている。また猪苗代地域の肝煎六十五名が連名で若松民生局に提出した「嘆願書」には、「猪苗代百姓ども、昼夜、東西より寄り集まり、鯨波（とき）の声を挙げ、貝を吹き、鳴り物を鳴らし、私共の居宅に押し入り、本宅、隠居、土蔵、穀入れ、小屋々々に至るまで、銘々柱を切り、穀入れなど焼き払い候所も之有、裏板を抜き、敷板、畳、建具、家財諸色一々打ち砕き、米、籾撒き散らし味噌、醤油桶のたがを切り、御図帳および諸記帳取りだし、焼き払い、袖、袂に入れ易き品々強盗致し者、その上命を取り候等と申し立て、剰（あまつさえ、そのうえ）お城（亀ヶ城）御丸内に押し入り篝火（かがりび）を焚き、時々鐘、早鐘を打ち鳴らし騒乱におよび候始末―以下略―」と記している。ところによっては、群衆が暴徒化していたことは、この書状からも読み取れる。

一方、松川、楢原、小出、弥五島など組下各村は、十月二十八日に一揆に入った。後発ということもあったが、この四組はもっとも組織的に、しかも整然と行動し、頭取のもとに名主宅に押し入り、諸帳簿の差出しと、名主とその下役の触れ継役の退役を迫り、その退任の確約書を取っている。同時に、旧記帳一切の差出しの承諾書を取っている。

四ヵ組の要求を九項目の「廉書《かどがき》」としてまとめ、名主との交渉を郷村の寺院と田島宝乗寺に任せている。仲介役の僧侶が名主との交渉で打ち壊しや火付けなどの暴力行為は行わないということを担保するために、名主側から七十両を受け取ったことが露見し、逆に一揆勢からその約束料として百両を取られるということがあった、と弥五島の名主長沼兵三郎が「口上書」で述べている。こうした経緯があったにせよ、この「世直し一揆」のなかで最も近代的で民主的な共同行動であったといわれているが、これは百五十年前の南山御蔵入の越訴による直訴の事件の教訓に学んだものであろう。この組の頭取は大内村の音之助、平角で、楢原組の元名主で郷頭星与一郎が書いた「一揆主謀者および徒党一味の吟味方要請書」によれば、

「楢原組の先だっての百姓どもの騒乱致し始まりは、組内大内村よりまず始まり申し候、同村の左十郎婿音之助、平角、久松、首領の者に相聞、その他の村々に首領はいるが、右三名を呼び出し吟味されれば、騒動の次第、並びに村々の徒党の者どもも相図ることができる」

と書かれている。この四ヵ組の一揆に参集したのは千二百名前後とされるが、橋坂原で一揆を結び、弥五島村の名主長浜兵三郎宅に押し込み、楢原組成岡村岩次という者が、百両を強奪したと記録されている。また、南会津郡伊那村青柳の「馬場家文書」にもその様子が書かれているが、前述したよう

に田島宝乗寺袁等仲介役に立った僧侶らの交渉で双方に和解のための「詫び状」が交わされて終息し、首謀者の穿鑿《せんさく》も行われずに落着している。

別件逮捕で打ち首になった勝常村の藤吉

この一揆は、一ヵ月の間に全会津に拡大した農民およそ三万人が参加した大一揆である。その統一要求とそれをもって一揆を結んではいるが、その名主、肝煎への行動は、各組にまかされていたので、すでに見てきたように組によっては楢原組のようなところもあり、一様ではない。若松民生局、即ち明治新政府がこの一揆全体の総責任者として別件によって逮捕し、明治三（一八七〇）年三月十四日、刑場において打ち首獄門に処したのは河沼郡勝常村百姓代古川藤吉であった。彼についてはその一族の子孫にあたる湯川村勝常の農民歌人小林英夫氏と喜多方の農民詩人斎藤諭吉氏によって書かれた『百姓代藤吉伝』がある。それは後述するが、なぜ藤吉がこの一揆の首謀者とされたのか、その時代背景と一揆における彼の行動について、高久組郷頭風間金三郎の「口上書」と笈川組郷頭鈴木重嗣の『扇田記』の記述、庄司吉之助著『世直し一揆の研究』の論評を参考にして、高久、笈川両組の一揆の経緯を追ってみたい。

『扇田記』に「十月十八日、一揆之事件」として次のように書かれる。

「一揆は高久組より始まり、戊辰の十月十五日に和泉村次郎、八郎の家宅を打ち砕く、笈川組は十八日の夜五つ時頃、一揆勢が佐野、中の目の方から押し寄せて勝常村の兼子駒次宅を打ち砕く、その一揆勢がわが扇田村に向かってきたので、衣類を着替えて高張（提灯）を立て、大小の刀を帯して、庭に篝火《かがりび》を焚き、濁り酒を沢山用意して待ち受けていた処に、押し寄せてきて大勢の者が声高く言うので、それぞれ何等の遺恨があるならば承りたい、とまずもって押しかけて来たその趣旨を聞き、その上で拙宅を打ち壊すか焼き払うか、勝手にするがいいが、理不尽な暴動あらば、拙者相果てるまで相手になろう、と刀の柄を握り、乱髪になって相対したところ、鯨波《げいは》をつくり、直に中台村へ押し帰り、小沢伝内宅を打ちこわした。その音は大雷のようであった。

猿袴、半天、手拭で面を隠して、どうなったかと外に出て見れば、もはや、一揆群勢は北田村に向かい枡取藤三宅を打ち砕き、そこから堂畑村の折笠近右衛門、一条彦吉宅を打ち砕いて引き揚げていった。

佐野村の伊助、中の目村の善吉など三、四名が、勝常村の篝火のところに集まって拙者に対して「まずは貴家は無事でご安堵なことだ」と言うので、ぜひ一杯と酒を勧められて飲んでいると、上樽川村の二瓶方に火の手があがった。焼き討ちにあったとみて、見舞いに行かなければと、我が家に戻ったら、あにはからんや、我が家は微塵に打ち壊され、いろいろの品も盗み取られ、家内嘆いているところであった。はじめて勝常村で伊助と善吉の両人は我を欺いたことに気が付いたが、残念ながら何することもできない。このうえは一揆徒党を見顕し、後日この報いをと思い、蓑笠《みのかさ》を着て一揆勢の打ち壊しを見にいった」

もっとも過激だった勝常一帯の一揆

「この日は勝常村の兼子駒次、斎藤新作、扇田村の鈴木重嗣、上樽川の二瓶久右衛門、中台村の小沢伝内、北田村の藤三、米丸村の古川政之助、熊川村の沢谷右衛門、古川庄九郎の九戸が打ち壊されている。その他、八日町の小野久之助、同断森台村東条吉兵衛は降参して、一揆の「肝煎征伐」の旗を持たされている。笠の目村の芦澤半七、田中村の谷沢弥七は金五両を口付け金として差し出し降参した」

「翌十九日には、八の頃（午後二時頃から四時頃までの時間）より、西の郷の組の者は勝常村に押しかけ、そこへ東の郷の者も合流し、北田村の蔵三宅を微塵に打ち砕き、栗宮村田辺勘之丞宅から笈川へ向かい、そこに残りの一組も合流して荒川平吉、荒川勝蔵宅を打ち砕いた。古川丈次郎は降参し、一揆の旗持ちとなり、総勢一同高瀬村の菅沼甚右衛門宅へ押し寄せ、打ち砕きはじめたところ、明治政府の米沢兵の鎮撫使隊が浜崎村から出てきて、白刃を振り回して一揆勢に斬りかかり、下分の万吉が斬り殺された。それで一揆勢は逃げ、笈川村の東、古舘村に屯《たむろ》していたところを今度は米沢兵の鉄砲隊が打ちかけ、ようやく一揆勢は引き払った」

『扇田記』は、十月の十八日から十九日の昼夜の暴動を詳細に記録しているが、一揆全体のなかでこの地域の暴動がもっとも過激であった。その背景を庄司氏は『世直し一揆の研究』で次のように分析している。

「河沼郡勝常村の世直しは、百姓代以下の農民が旧肝煎を打ち壊したのであるが、これは旧肝煎に代わる新肝煎が、旧肝煎の復活にすぎない事に対して、それを排除するために行われたのである。すなわち明治元（一八六八）年十月に、勝常村の藤吉らが隣村浜崎村の角田平蔵、沼上村の遠藤伊総次、村名不祥の佐藤考之助、勝常村兼子駒次。枡取藤三ほかの旧肝煎を打ち壊そうとしていた。特に浜崎村の角田平蔵と遠藤伊総次はその第一であった。—中略—」

藤吉らは天保八（一八三七）年に勝常村の肝煎兼子家の惣右衛門が高利貸しで上田（熟地）を集め、下田のみが下級農民の耕地になっていることに、その不正を摘発し肝煎のリコールを代官に行っている。明治元年の一揆は、その継続線上で行われ、この地域の一揆で「肝煎征伐」の旗が掲げられたのである。藤吉はこのなかで新政府の民生局に対して六通の文書（願書）を提出している。そのなかの一通は、角田平蔵、佐藤考之助、遠藤伊総次の三名の身柄を組内に任せてくれるなら一揆の行動をしないことを民生局に申し出ている。それを拒否され、行動までに数回にわたって要請している。そこで民生局も藤吉を「肝煎立合騒動取締役、帯刀御用捨」に任命している。しかし、それは小荒井村竜現寺の和尚が書いた偽書で、それが後に藤吉逮捕の理由になるのである。

新しい村落体制を目指す

会津の平坦地の笈川村や勝常村は水稲生産の適地であることから生産性が高く、年貢を上納しても富農層には剰余が生じ、その取引に商人が介入し、消費地への販売など封建制を超えての経済活動が浸透していた。当然金融を旨とする高利貸も富農層と結託して農民収奪に加担し、村の多数者である中農層の分解を加速していた。それとともに、一揆の背景には、天明三（一七八三）年から天保時代の凶作と続き、会津藩二十三万石のうち九万三千九百石が減収になった記録がある。加えて北方警備や沿岸警備、さらに京都守護職などによって藩財政は困窮化し、商人や富農、有徳者から借金をして体制を維持するという危機にあった。そのため商人や富農層が結託して行っている高利貸や不正に対して、農民の要求に応えて不正の取り締まりや高利の是正政策などの対策がとれずに、その不正を見逃していたことも、農民の怒りを増幅させた、と庄司氏は見ている。

下部構造の変化がもたらしている階級的矛盾が上部構造の変化を促し、必然的に体制機構の改変を求める熱量が臨界点に達して沸騰したのがこの一揆なのであるが、幕藩体制の権力闘争という側面を色濃くもった明治維新の内乱は、勝利した薩長勢力による政権というスキームの上に、徳川に代わって天皇を乗せ、それを欧化による近代化を進めたので、近代の民主化という側面よりは、薩長勢力による専制国家として近代化が図られたのである。したがって明治新政府への農民の「御一新」「世直し」という期待は裏切られたのである。戊辰戦争で敗者となった武士階級に代わって、四民平等の世の中に公選による新しい村落体制を目指した藤吉たちの真っ当な願いは、新政府の差し向けた鉄砲隊によって消されたのである。

それまでの経過をみると、籠城という会津藩の敗北が明確になった時から、藤吉たちは笈川村の妙興寺に集まり相談を重ねていた、といわれる。それは肝煎のなかでも、勝常村の肝煎兼子駒次のように高利貸で上田を集めている者や、他村に自分の開発地をもって、年貢逃れをして私腹を肥やしている浜崎村の肝煎角田平蔵、その角田と組んで材木の売買や染物などの事業を営み、農民から収奪している沼上村の肝煎遠藤伊総次らを村の役職から降ろして、農民全体の利益の擁護と生活向上をはかるリーダーを、世襲ではなく農民の中から新しく選ぶことを目指していたのである。しかし、明治新政府は彼らを、そのまま再任用をした。だからまず彼らを一揆強訴の対象とすることを決めたのである。

凶作に便乗した肝煎層の不正

天保八（一八三七）年、百姓代藤吉ほか十三名が連名で代官所に訴えた口上書（原文は漢文）は次のような内容である。

「恐れながら口上書をもって願い上げます。勝常村の儀、御高（村としての収穫量）六百石余のところであります。四十年以前より、兼子近三郎殿祖父近左衛門より数代にわたって肝煎を勤めておりまず。これは祖父近左衛門のことでありますが、その時に肝煎の増員にともない肝煎となり、それより相続、現在は婿総之助が勤めております。しかし、村中不服であります。その理由は、親惣右衛門より私欲相募り熟地（良田）を高利の貸金をもって一巳の手に入れ、麁田《そだ》（悪い田）を渡しています。これには村中が迷惑しています。また、諸勘定取り調べも行わずに私どもが取り調べて間に合わせています。多くの手余り地（耕作放棄地・作り手のいない農地）があって、村では難儀をしておりますので早急に肝煎の立て替えを仰せ下さりますようお願いします」

（笈川組百姓代藤吉外十三名の連署）

これは一揆の発生する三十一年前、藩政時代に会津藩に対して出した口上書だが、すでに農民の中では凶作に便乗した肝煎層の不正や私腹を肥やす行動が起きていて、農民たちは世襲だった村役人の公選による改選を求めていたのである。それが藩の崩壊によって沸騰したのだが、肝煎たちもそれに対応して防御の策を取っていた。浜崎村の角田平蔵などは、新政府の役人に賄賂を贈り、新政府民生局の米沢藩の鎮撫方を居宅に常駐させて、一揆勢に鉄砲隊まで繰り出して対抗した。彼らに一揆勢の万吉が殺されたことによっていったん暴動は終息したが、納得はいかなかった。藤吉たちはその夜、妙興寺に集まり相談し、米沢藩鎮撫方に藤吉が願書を提出している。

（原文は長文なので要旨）

肝煎ども、百姓の取り扱いに何かにと名目を付けて、米、金を掠め取っていることによって起きた騒動であるが、米沢御取鎮によって村に帰った。それで残っている肝煎の角田平蔵、佐藤孝之助、遠藤伊総次の諸品を御取り上げ、その身柄を組内に任せていただきたい。そうお願いできれば、決して騒動は致しません

十月

米沢鎮撫御役所様

百姓代藤吉

しかし、その回答はなかったので、再び次のような願書をだしている。

而して、お任せをいただきましたなら、三名宅に打ちかかれますが、その節は御披露（考えを述べさせていただきます）申し上げますので、願書の通り、仰せつけいただきたくお願いを申し上げます。

十月

米沢鎮撫御役所様

百姓代藤吉

こうした願書を藤吉たちは、数回にわたって若松民生局に提出している。それに対する回答はなかった。

この願書は一見、米沢鎮撫隊に守られていて打ち壊すことができなかったことに対してその許可を求めているようにも取られるが、一揆が共同要求として掲げた項目に対して、新政府の若松民生局はその一部、肝煎の公選による改選を認めていたのである。しかし、世襲制を固持してそれに応じない肝煎たちに対して、藤吉たちはそれを認めて公選による肝煎の選出ができるようにして欲しいということなのである。つまり、「御一新」を求める農民と、それまでの村役人として得てきた益権を既得権として離したくない、ということの争いなのである。

藤吉たちが、四民平等を謳《うた》う明治新政府に期待した民主化要求はまだ遠く、新政府そのものが新しい形で農民収奪を図るために、旧勢力をできる限り温存して彼らの走狗にしたいということであったのである。

法印の偽書で嵌められた藤吉

藤吉たちは何回も笈川村の妙興寺に集まって対策を練ったが埒《らち》があかないので、人を介して角田平蔵以外の二名は、もし一揆勢の打ち壊しなどを回避したいというのであれば、降参して諸帳簿を差し出し、金二千両（一人千両）を出すなら打ち壊しはやらないと決め、その交渉を藤吉に一任することになった。そこで藤吉は懇意にしている若松大町の猪俣半助に相談し、半助は若松の馬喰町に住む小荒井村の龍現寺の法印（山伏、住職）に若松民生局への橋渡しを頼んだのである。この法印が悪党で、橋渡しには先立つ物が必要だと半助に言い、半助はそれを藤吉に伝えた。

藤吉は一揆を成果のあったものとして収めるにはと、とりあえず三十両を半助に渡した。そうこうしている間に十一月になり、会津野に雪が降りだしてきた。前述したように十一月八日、藤吉のもとに「其方儀、肝煎立合騒動取締役に付、帯刀用捨申付候事」という許可書が若松民生局から半助の手を通して届けられた。藤吉はそれを三名の肝煎に対しての取り扱いを任されたと解した。しかし、それは法印が書いた偽書であった。半助と法印は藤吉の動きを角田平蔵らの肝煎に流し、彼らから五十両を貰う約束で藤吉を嵌《は》めるために偽書を書いたのであった。

藤吉はその偽書を信じ、三名の肝煎たちにその偽書の「肝煎立合騒動取締役」の許可を得たのでと、その立場で話し合いを申し込んでいる。

『扇田記』は藤吉が龍現寺の法印に謀られたことを次のように記す。

「都合五通の書状は願書あり、訴訟書ありだが、願書は米沢鎮撫方宛てに、騒動取締役と帯刀御用捨の願いは民生局に出しているが、龍現寺の法印は騒動取締役と帯刀御用捨の願いで藤吉からの書状は済んでいるといっている。民生局ではその願いは以ての外といって却下しているのに、藤吉には隠しておき、近々に御指図が有る筈と惣治郎が謀り、法印が偽書を書いて、余りに延び延びになっているので藤吉に渡した」

そして藤吉を、身分をわきまえずに役職を詐称し、武士にしか許されない帯刀をしたことをもって逮捕することを策略し、その時を待っていたのである。十二月九日、藤吉が追訴をするために若松の猪俣半助のところに単身で来ることを知った角田らは町廻りの役人に伝えたが、いきなり藤吉を捕らえたのでは農民がまた騒動を起こすことも考えられるので、角田平蔵、遠藤伊総次、佐藤孝之助らは彼らの方から藤吉に対して役目詐称、帯刀の勝手の訴訟の陳述書を民生局に出して、それによる町方見廻り組による逮捕とすることを、一之町の三桝屋関善六方で謀議したのである。さらに角田らは龍現寺の法印のもとに廻り金十両の受け取り証と追加四十両を渡し、その引き換えに藤吉がこれまでに猪俣半助を通して法印に渡していた六通の書状すべてを手にしたのである。そしていよいよ十二月十六日の夜、若松民生局の藤吉召し捕り状を持った町廻りが猪俣半助宅にいた藤吉を召し捕り、若松民生局にしょっ引いていったのである。

見せしめの公開処刑と晒し首

そのことはほどなく村中に知らされたが、一揆の責任ではなく藤吉の役職詐称ということなので農民たちも静観するほかはなく、騒動は起きなかった。一方、角田平蔵たちは龍現寺の法印に藤吉逮捕を知らせ、法印にも探索が及ぶから金十両の証書は無いことにし、これまでに賄賂を提供してきた役人のところに行くと、法印もその夜八つに召し捕られてしまった。

『扇田記』はそのあたりを、「見廻り組の内通によれば、龍現寺も召し捕られ、藤吉は巨魁であるが、龍現寺は僧の身でありながら欲心よりこれに与した。二名ともあるまじき悪党である。また、藤吉の訴願を預かり、偽書を書いた金壽院も、そしてそれを持ち帯刀して米沢鎮撫様方や妙興寺の集会に出た藤吉も一丘《いっきゅう》の貉《かく》である。民生局の御指令も帯刀御用捨の書付も龍現寺の拵《こしら》えものを渡したものだが、それを藤吉は本物の御指令書と思い込み人前に見せていた。龍現寺は偽書のことを聞かれたら、拙僧はかかわりなかつたので不明だが、わが寺と金壽院の若党が金壽院においてやったことのようだと尋問に答えている。龍現寺はさすがに秀才能弁で、取調べに対して藤吉のことを一揆徒党であると言い放った」と書いている。

「藤吉の罪状は民生局の御指令書の偽書で、騙されたことは身に覚えのないことなので助命を願い出るべきだ、という声が農民のなかに起き、そこで勝常村の斎藤新作が、旧肝煎どもより藤吉の罪料御免の願書の提出の依頼を受けて、それに応じ集議を始めたところであった」。『扇田記』はそこまでのことを書いて、藤吉の罪状認定や審議過程についての記述は一切ない。

二月に入って藤吉が役名詐称の罪で、三月には処刑されるということが村々に流れ、斎藤新作や鈴木重嗣らは助命願いの嘆願書を急いだ。『扇田記』と『会津歴史年表』では処刑の日に相違がある。『扇田記』は二月の下旬としているが、『会津歴史年表』は三月十四日である。『扇田記』は明治十八（一八八五）年、処刑されて十五年後に書かれているので、記憶違いで三月十四日が正しいと見る。

斎藤新作と鈴木重嗣は「死罪と決定したのだから、何とも致し方がない、これもひとえに藤吉の命の限り（運命）かと、二人は慨嘆し、それにしても何のよりどころがなくてはと、村中残らず若松（刑場）に行こうと言い、一番鳥の鳴くころに若松に向かった。若松に入って見回り役人に処刑のことを聴いたら解らないというので、民生局に行って確かめたら昼頃に行うというので、待っていると多くの村人が集まってきて、刑場の竹矢来《たけやらい》の周りを囲んでいた」。そこに元会津藩士の伴百悦がいたとは知らなかった。

若松民生局の観察方頭取は越州（越前福井藩）の久保村文四郎、試補は加州（加賀藩）の高島八兵衛らが見守るなか、藤吉は獄衣の上に後ろ手に縄を打たれて引き出されてきた。会津の三月はまだ肌寒い風が吹くなか、藤吉は刑吏に今生の別れに謡曲を吟じたいと所望し、謡曲「鞍馬天狗」を「花咲かば告げんといいし山里の使いは来たり、馬に鞍…」朗々と吟じ、きっと端座して昂然《こうぜん》と首を討たれた。享年四十七であった。

明治新政府が農民に対して見せしめのために公開処刑をして、その首を晒した。新政府に抗する者はこうなるのだ、ということを示したのである。（このことについて昭和四十一年に刊行した『会津若松市史』は一揆の経緯を記述し、その「世直しの結末の項」で、一言も触れていない）。『扇田記』はその前後を「付記として」次のように記し、庄司氏の『世直し一揆の研究』には、それを資料として掲載している。

「贋金づくり」と喧伝される

「付け加えるなら、龍現寺の法印は入牢一年、猪俣半助は廿日の入牢で終わっている。藤吉の罪状は、角田平蔵らの訴えた肝煎騒動取締役という役職詐称、帯刀という身分詐欺で打ち首獄門の極刑になった。しかし、その偽書をつくって藤吉を騙した法印らは角田らの金で買収されていた。本来なら角田平蔵らこそ、藤吉の罪状の真犯人であるのに、お咎《とが》めなしである。これほど理不尽な裁判はない。明治新政府は藩政時代以上に農民に対して苛烈な支配と収奪を行うことを示した。

さらに処刑当日の朝、藤吉の妻は子供を連れて藤吉に会い、このような浅ましいことになったのは、作り技（謀）によってなったことでありましょう。謀《はかりごと》を企んだ人の心にはその覚えはあるでしょう。恩を仇で返されたことはけっして忘れません。其方《そなた》も今日よりは鬼となってこの報いはして下さい。私も必ずこの報いは致します、と泣く泣く言った。

これは角田らと藤吉訴えに加担した勝常村の兼子勝之助を恨んでの言葉である。その勝之助は放蕩を極め、湯川橋本の東条吉次郎宅に桂林町柏木五郎の娘いとを引き取り（妾にして）暮らしていたが、若松民生局が若松県に代わる時、民生局の刑事裁判官久保村文四郎殺害にかかわったとして捕えられて、獄死をしてしまう」

『扇田記』は扇田村の肝煎鈴木重嗣が一揆があってから十七年、藤吉が処刑されてからは十五年が過ぎてから書いたものだが、これによって角田ら肝煎の賄賂と買収によって仕組まれた偽書によって藤吉が処刑されたことが明らかになった。それまでは藤吉処刑の真相は隠されて、当時会津の各地で頻発していた贋金《にせがね》づくりにかかわった罪と喧伝されていた。しかし藤吉に関しては勝常村においてそのような事件もなく、一揆を犯罪と見る歴史観の人による喧伝であった。

戦後、勝常寺の住職宇佐美定憲師によって百姓代古川藤吉についての調査が行われ、前述したように昭和四十三（一九六八）年、宇佐美氏の監修のもとに藤吉の二男好松の曾孫に当たる勝常村の小林英夫氏によって『百姓代藤吉伝』が書かれ、古川藤吉の人となりとその極刑の真相が明らかになったのである。その人となりについては、会津の古川を名乗る人たちのルーツは南北朝時代の足利氏に遡る。明治以降、足利氏は尊氏が北朝を開いたことをもって国賊とされ、関東管領足利氏の流れをくむ会津の足利一族は古河を名乗り、その類族も古川を名乗った。

十一代目古川藤次右衛門の長男、藤吉は性剛毅果断にして、革新的な思想の持主であったと伝えられている。村では検地帳に載る上農に位し、肝煎の下で百姓総意による地頭を勤めていたという。妻は上田谷地の高倉家より娶《めと》り、三男二女の子宝に恵まれ、まさに実直な百姓の中核であった。同時に信仰心の篤い仏教徒で、寺の改修や橋の架け替えなどの公共事業に寄付する布施行を実践する篤志家でもあった。藩政時代から逼迫する百姓生活の立て直しを図ろうと、代官所などに改革のための願書を肝煎らと提出するなど村人に推されてその代表役を担っていた。

世直し一揆に当たっても、改革の絶好の機会ととらえ、新政府に対して願書をもって百姓の困窮を訴え、角田ら肝煎が要求を認めるなら騒動は起こさないと、何度も民生局に訴え出たのである。

猪苗代農民の蜂起―地租改正による過酷な課税

明治新政府は明治二（一八六九）年五月二日、若松県を設置。五月二十五日に民生局の事務を引き継ぎ若松県政がスタートする。しかし、知事に任命された林轍之丞は政治状況の不安を理由に赴任せず、巡察使の四条隆平が知事になる。それに対する会津の農民の抵抗は、明治七（一八七四）年に猪苗代で起きる。新政府に対して、会津藩からの借用金の返済の棄損と貧民救済として籾や農機具などの十年賦を求め蜂起したのである。

『明治初年農民騒擾録』によれば、

「猪苗代において四月十日に蜂起したが、警察官四名、捕り方十四名が一揆勢と対峙し、抜刀した警察官によって農民の一人が斬り殺され、一人が負傷した。翌十一日に警官が探索に入り城潟村の巨魁五十嵐幸一を縛し、さらに見弥村の巨魁河内宗四郎、夷田村の巨魁渡辺覚吾、新在家村の巨魁渡辺常吉、金曲村の巨魁阿部留蔵、並びに土屋善兵衛を逮捕して引き立てる。そのとき、頑民嘯集《がんみんしょうしゅう》し、あるいは狩猟槍、棒、斧、鎌を携え四方より迫って留蔵を強奪した。半鐘を鳴らして近辺の愚民を集め、危険を感じた宮下一義という警官が抜刀したので、怒った農民は警官を捕縛してしまった。そのとき、奥吉という農民が、「親の仇」と叫んで飛び掛かり、撲殺してしまった。他の三名の警官は辛うじて命を取り留めたが頭上に傷をおった。この報を聞いた官員は猪苗代に土着した官員（元会津藩士）五十名を招集して駆けつけ、漸く三名の警官を救出した」

と記録され、そのことは直に明治新政府の内務卿木戸孝允に報告された。若松県権令沢管徳の届書は「士民等、叛いて手向かいにおよび候故…」と農民の要求には触れず、この地域は従来より人気が宜しくなく、紛擾《ふんじょう》を醸す悪弊があると、寛延一揆（一七四九）をその理由に挙げている。

明治新政府の農民収奪は明治四（一八七一）年に明治政府大蔵卿大隈重信の出した布令に「徴税（土地税）の為には一村千人を殺しても苦しからず」とされている。その実態を語る『川俣騒動一件探索書』は「役宅（税務所）に伍長（市町村の担当官）を呼び出し、上納方厳しく申し渡し、この節、納めかねている者は速やかに家財農具田畑地を売り払い、且また妻子を奉公に出しまたは売り、六十歳以上の老人へは、小糠（米ぬか）を食わせても苦しからず、早々に刻に上納致すべくと、厳しく申して捕り方差し向け、軒別（各戸）の家財など、税務の品々の値段を見積り、その調書を伍長に差し出すことを命じた」と記録している。

藩政時代の年貢よりも地租改正によって過酷な土地に対する課税が強行され、そのために農村の富農層が高利貸しを兼務するようになり、地主と小作農という構造が急速に形成されていったのである。その経過過程のなかで支配者側の役人となったのは、会津においては旧会津藩士の帰農者たちであった。明治十年代に入って、農民たちのなかに自由民権の思想に基づく自由党が結成され、また旧藩時代の藩士や肝煎層による体制擁護の帝政党が結成されて、立憲君主体制の近代化へと向かったのである。

東松事件と伴百悦

「代天誅之」——伴百悦と久保村文四郎

〈付　記〉

　明治三（一八七〇）年、若松県下で流刑以上の刑に処せられた者は百二十三名に及ぶが、うち百名が贋金づくりの罪である。しかも見せしめのために公開処刑のうえ、晒し首にされた者が五名、斬殺された者四十九名という記録が残されている。その五名のなかに百姓代藤吉は入れられていたのである。

　戊辰戦争の敗者となったのだから勝者が君臨するのはやむを得ないということもあるが、それにしても、ろくな取り調べもせずに晒し首にまでする。その頂点にいたのは、若松民生局の監察方頭取兼断獄、久保村文四郎であった。彼は越前福井藩の藩士で明治新政府の陰の立役者の一人ともいわれる松平春嶽の家臣である。春嶽は会津藩主松平容保に京都守護職を押し付け、会津藩を朝敵として、会津を戊辰の役の最後の戦場にした張本人であった。久保村は警察官と検察官を兼ね、裁判官でもあり、罪状の確定も処刑も意のままであったのである。無実の人を打ち首獄門に晒す非情を、「鬼のようだと」

城下では噂をされていた。

その久保村が明治二年七月十二日（旧暦）に、若松県の設置によって若松民生局の監察方頭取兼断獄の役割を終えて会津を出立した。陽暦では八月十九日なので真夏に入った盆地の気候は早朝より暑かったが、久保村を乗せた籠は数名の護衛を伴って越後街道を坂下で昼食をとり、今夜の宿泊地である野沢村に向かった。片門村から天屋村の束松峠に久保村の賀籠が着いたとき、伴百悦、高津仲三郎（明治九年の思案橋事件で刑死）とその配下の武田源蔵、それに井深元治が茂る夏草の中から現れて久保村の賀籠を止めた。久保村は「久保村文四郎と知っての事か」と賀籠のなかから問うと、「もちろんだ。出ろ、久保村、儂《わし》じゃ、忘れたか」と片目で小柄だが、がっしりとした体格の伴が答えた。伴百悦は会津藩士の死者の埋葬方の頭取を勤めていた元会津藩士である。久保村は「お主か」と賀籠を降りた。駕籠かきはすでに逃げていない。伴は久保村に「武士として礼を申したい、抜かれよ」と刀の柄に手を掛けて言った。久保村は「儂は勤めを果たした迄、何故の勝負か」と応じて刀を抜いた。伴はそれを見ておもむろに刀を抜いて構えた。久保村は戦場経験はない。恐怖で硬直して斬りかかったその瞬間、伴の刀が夏の陽に光った。一閃、久保村は倒れた。共の者は高津と井深が斬っていた。伴は久保村に止めを刺して、「代天誅之」と書いた斬奸状《ざんかんじょう》をその上に置いた。

その後、伴百悦一人が越後に逃れ、三人は若松へ帰り東京に向かった。伴はこの一件はすべて私一人がしたこと、会津の人間として非道な久保村の仕打ちに対して、会津人の想いを伝えたのだと自らに言い聞かせて、阿賀野川を下って新津に行き、大安寺村の豪農坂口津右衛門のもとに身を寄せる。

戊辰の役のときに会津藩の兵士が世話になったこの津右衛門は会津とは阿賀川交易で縁があり、伴を何も聞かずに寄宿させてくれたのであった。しかし、明治新政府の密偵が伴が潜伏する大安寺村に現れ、津右衛門屋敷の周辺を聴き回っていることを知った伴百悦は、津右衛門に迷惑が掛かってはと、そこを出て慶雲庵という寺に移った。それから数日後に村松藩の捕り方が夜陰に紛れて慶雲庵を囲み、伴は覚悟の上と自決した。明治三（一八七〇）年六月二十二日のことである。享年四十四。

『松城志』には「会津の人、伴百悦亡命して、大安寺村に潜匿《せんとく》す。百悦闇のなかで捕り方倉之助を刺し、自らのどを貫きて死す」とある。

その時より九十五年過ぎた昭和四十（一九六五）年、伴百悦が眠る慶雲庵の小さな自然石の墓地に一人の紳士が花を手向け、香を焚いて丁重に手を御合わせていた。会津人で越後交通社長柏村毅（会津美里町本郷出身）その人であった。翌年、柏村は高さ百五十一センチ、幅四十センチの墓石を建立し、「嗚呼、天下節義の士の出現を待つこと今日より急なるはない。私は慨然時勢に鑑み、この地に新に墓標を建立して先生の高風を万世に伝えんと決意した。今や功成り寺僧を請し知友と共に恭しく追善の供養を厳修した」と、その碑にこう刻んだ。一世紀が過ぎても、たとえ立身出世をしても、会津人のなかに伴百悦は生きているのである。

【参考文献】

保坂智編纂『義民年表』
庄司吉之助著『世直し一揆の研究』
海名俊雄著『会津御蔵入騒動と寛延一揆』
保坂智著『百姓一揆とその作法』
横山十四男著『百姓一揆と義民伝承』
小林英夫著『百姓代藤吉伝』
長谷川吉次編著『会津農書』
長谷川城太郎著『風に立ち向かった男たち』
神田千里著『一向一揆と真宗信仰』
吉田勇著『ふくしまの農民一揆』
木村靖二著『農民騒動史』
小野武夫編『維新・農民蜂起譚』
林基著『百姓一揆の伝統』上下
田代重雄編『会津農民一揆』上下
青木虹二編『百姓一揆の年次的研究』
『会津百姓騒動記』（大阪市、住吉古文書研究会）
『家世実紀』
『会津若松市史』全十二巻

『大沼郡史』
『田島町史』
『柳津町史』
『三島町史』
『金山町史』
『会津高田町史』
『農民騒動史』木村靖二
「一揆と周縁」保坂智
『民衆と歴史の視点』芳賀登
『近代地方民衆運動史』上下、庄司吉之助
『百姓一揆の伝統』上下、林基
『福島県百姓一揆覚書』高橋フジヒロ
『太閤検地と石高制』安良城盛昭
新注『会津歴史年表』会津史学会編
『猪苗代町史』
『湯川村史』
『南会津郡史』
『会津高田人物物語』会津高田ペンクラブ編著

あとがき

先般、農民闘争史の古典ともいえる小野武夫編『維新・農民蜂起譚』を読んで、会津の「やーやー一揆」については一行の記述もないことに驚いたが、小野氏はその著書のなかで「読者への希望」として、「此等の文献を蒐むる為には私は過去数年間或いは古本市場に足を運び又は諸方の知友に書を寄せ、学友の助力を得、東京市内の図書館に資料を求むるなど、できうる限りの努力を試みた―中略―本書の読者にしてこの書に記載した以外に参考文献が見つかったらならば申し送られたい」と、官側にその資料のないことを昭和四（一九二九）年の日付で呼びかけている。戦後になるまで農民の騒動や一揆については、謀反者の犯罪であるとして片付けられ、歴史的事実としては取り扱われなかったのである。それは会津においても同じで、今も農民の歴史は農民自らが書くほかないことなのである。

会津における近世期の一揆は、領国藩（七十四藩）別に見れば全国一の発生件数である。二位が信濃である。昭和十三（一九三八）年に公表された「黒正年表」と呼ばれる黒正巖氏の調査だが、戦後、昭和五十（一九七五）年の青木虹二氏の『百姓一揆総合年表』によれば、黒正年表の約二倍、会津の一揆件数は二百五十四件が報告されている。近世期二百七十年のほぼ毎年に近い件数が報告されているのである。そこには不穏とされるもの、騒動に至らぬものも入っているが、藩の石高で見れば全国で七番目である。特徴的なのは、そのうちのおよそ九十件が愁訴である。支配者に対して書付けによる訴願である。

訴願は越訴（藩の直接の支配者を超えて訴える行為）、直訴（最上位に訴える行為）、籠訴（駕籠に乗っているところを交通中に訴える行為）などとも呼ばれるが、それは騒乱や暴動などの伴わない共同要求を、代表者が要求書として書付けをもってお願いする行動で、農民の知的水準の高さを示す行動でもある。それと対照的な一揆行動に逃散（藩外に逃亡する）があるが、会津ではわずか八件に過ぎない。会津の農民は為政者に対して堂々と立ち向かっている。諂《へつら》いや媚《こび》を売ることも、ましてや逃亡などは考えもしなかった。この八件は藩主加藤の時代に越後境で起き、藩主が代わった後には戻ってきているのである。

愁訴という整然とした要求行動をとり得た背景には何があるのだろうと考察した時に、会津の古代からの歴史性と無縁ではないと思ったのである。周知のように、八世紀から九世紀にかけて会津は「仏都」と呼ばれるほどに仏教文化が花開き、徳一や空海の名による多くの寺院が建立されている。空海開基説の多くは後世に高野聖《ひじり》と呼ばれる遊行僧による付会ともいわれるが、初期の薬師信仰から観音信仰へと展開され、仏教の慈悲の思想が民衆の中に深く浸透していった。

十世紀に入って会津は慧日寺を中心として僧兵を擁し、越後城氏との「会越同盟」を結んで、およそ二世紀の間、会津に騒乱や戦乱の記録はない。源義家の奥州十二年の戦にもかかわっていない。治承四（一一八〇）年、木曽義仲の平家追討の挙兵に越後の城四郎長茂とともに平家方として参戦し、大敗した慧日寺僧兵の長、乗丹坊が戦死。会津は文治五（一一八九）年まで奥州藤原秀衡に横領されるが、鎌倉幕府の成立とともに会津四郡は佐原十郎義連に、大沼郡のうち伊北郷を山ノ内季基に、南山を長沼宗政に、伊南郷を河原田盛光に与えられ、時代は中世に移っている。

そこから二つのことが想起される。一つは、会津の中世は佐原氏が拝領した会津四郡は骨肉の権力争いに終始し、葦名氏が権力を掌握して戦国時代に入るが、彼らは会津の神仏や民衆の信仰には関与しなかった。在地の民衆支配についても、中世的領地主義で課税による収奪よりも開発などを奨励し、農民の要求を取り入れていた。土地の境界なども未確定のままのところが多く、近世期になって山論、水論《すいろん》として農民間で争いが起きている。

佐原氏の覇者となった葦名氏が戦国武将として成長し伊達氏と争ったが、盛氏の死後、伊達氏に多くの家臣たちが内通して天正一七（一五八九）年、伊達氏との争いに葦名氏は破れ、その家臣の多くが会津に帰農して土着した。彼らが武士としての教養をもって近世期に入っている。したがって会津に藩主として移封されてくる武士集団とは対等の知識と矜持を持っていた。構造としては上下の関係でも、教養においては同等であるという意識を持っていた。

二つは、近世期に入って会津の生んだ儒者山鹿素行の影響で、農民のなかに浸透していた中江藤樹のいわゆる会津藤樹学と呼ばれる陽明学的儒学思想が喜多方を中心に上農層に深く浸透していた。朱子学が支配のための条理として形而上的に観念化するなかで、人道主義的な中江藤樹の心学と実証主義によって、農学とその技術論を説いた佐瀬与次右衛門の『会津農書』に結実する唯物的な思想が、安丸良夫著『民衆思想史の立場』が指摘するように、「老農思想」として会津農民のなかのイートス（価値観・信念・行動様式）として形成されていたからである。それは人間の歴史が内在する社会発展の法則性と方向性を志向するイデオロギーでもあったのである。

この考察の過程で改めて気づかされたのは、一揆の行動はそうした必然性を持つが、その民衆のエネルギーの沸騰は、偶発的なことでの発生であっても、必ずその行動を運動化するために組織者（オルガナイザー）が存在する。あるいはその役割を担う人がそのなかで必ず登場するということである。時の支配者が恐れたのは、その民衆の要求を運動の熱量に変える組織者の存在であった。彼らにとって、それはまぎれもなく自らの存在を否定する「悪人」である。

かつて親鸞は「悪人正機《しょうき》説」をとなえたが、時の権力者に悪人と言わせた一揆の指導者こそ民衆にとっては神であり、「義民」なのである。彼らは自らの命と引き換えに、民衆とともに新しい時代へ歴史の歯車を回したのである。私は一人の農民としてそのことに思いを馳せ、「会津ジャーナル」主幹遠藤勝利さんに校正と写真をお願いし、尊敬する阿部隆一社長の「歴史春秋社」から刊行して、米寿の記念とする。お世話になった多くの皆様に心から感謝と御礼を申し上げる。

令和七年三月

前田　新

著　書

1966年　『前田新詩特集号』会津民主主義文学会同人誌『変革』
1968年　詩集『少年抄』アポロ印刷、福島県文学賞準賞受賞
1976年　詩集『霧のなかの虹』小島孔版
1985年　詩集『貧農記―わが鎮魂』歴史春秋社、県文学賞正賞
1994年　詩集『干支異聞』土曜美術出版販売
2000年　詩集『秋霖のあと』土曜美術出版販売
2001年　詩集『風伝記』近代文芸社
2002年　エッセイ集『花の手帖』歴史春秋社
2004年　叙事詩集『会津農民一揆考』会津人社
2009年　詩集『わが会津―内なる風土記』シーズ出版
2009年　小説『彼岸獅子舞の村』シーズ出版、日本農民文学賞受賞
2010年　新日本現代詩文庫80『前田新詩集』土曜美術出版販売
2011年　評論集『孫への伝言―自家用九条の会』シーズ出版
2012年　詩集『一粒の砂―フクシマから世界に』土曜美術出版販売
2013年　小説『峠の詩―神籠峠の自然村物語』シーズ出版
2014年　文芸評論『土着と四次元―宮沢賢治ほか』コールサック社
2014年　『回想と展望』佐々木健三共著
2015年　評論、『戦後70年と松川事件』第１回松川賞受賞
2016年　歴史評論『会津・近世思想史と農民』歴史春秋社
2016年　共著『会津人の誇り』歴史春秋社
2016年　詩集『無告の人』コールサック社
2017年　共著『満蒙開拓府会津村と少年義勇隊』シーズ出版
2020年　『西勝彼岸獅子舞考』歴史春秋社
2021年　歴史評論『会津近代民衆史』歴史春秋社
2023年　詩集『詩人の仕事』コールサック社

著者略歴

前田　新（まえだ・あらた）

1937年（昭和12）、福島県大沼郡藤川村（現・会津美里町）勝原字西勝に生まれる。3歳で父、7歳で義父を戦争で失う。大沼高校卒、町議8期、農委5期、農協理事5期。農事組合法人西勝生産組合設立、専務理事。福島県農民運動連合会津会長、県連副会長。会津高田町史（全7巻）編纂委員、会津美里ペンクラブ会長、会津文芸クラブ会長を歴任。福島民報「働くものの詩」年度賞2回、『文化評論』（詩の部）文学賞佳作一席、県文学賞詩の部準賞・正賞、日本農民文学賞（小説）、白鳥省吾賞（詩）、松川賞（小論文）など受賞。所属、日本現代詩人会々員、日本民主主義文学会員、日本現代詩歌文学館評議員、日本農民文学会員、福島県現代詩人会理事、会津詩人協会常任理事、『詩人会議』会友、『詩脈』『萌』会員、『会津ジャーナル』顧問

会津義民列伝

2025年 4 月24日　初版発行

著　者　前 田　新

発行者　阿 部　隆一

発行所　歴史春秋出版株式会社
〒965-0842　福島県会津若松市門田町中野大道東8-1
電話　0242-26-6567

印　刷　北日本印刷株式会社